**사냥**하는 **남자**
**채집**하는 **여자**

**일러두기**

본문에서 단행본 도서와 정기간행물은《 》, 개별 논문과 수록 기사 등은〈 〉로 표기합니다.

동등하지만 너무 다른 남녀 이야기

# 사냥하는 남자
# 채집하는 여자

지은이 **최성락**

**페이퍼로드**
paperroad

필자는 과거 17년간 대학에서 교수로 근무했다. 가르친 과목은 주로 사회과학인 경제학, 경영학이었다. 학생들은 학문 간의 차이를 모른다. 인문학, 사회과학, 자연과학의 차이를 잘 알지 못했다. 그래서 수업을 시작하기에 앞서 사회과학이 무엇인지, 그리고 인문학, 자연과학과는 어떻게 다른지를 이야기했다.

이때 자주 제시한 예시가 늑대 소녀 이야기, 남자로 태어났으나 여자로 자란 아이 이야기였다. 아기일 때 숲에 버려져 늑대가 기른 아이는 훗날 인간 사회로 복귀했을까? 남자로 태어난 아기(브루스 라이머)를 어릴 때부터 여자(브렌다 라이머)로 기르면 이 아이는 무사히 여자로 성장할 수 있을까?(이 이야기는 '실험의 희생자, 브루스 라이머' 편에서 자세히 소개한다.) 이 사례들은 인간 본성과 사회환경 중 무엇이 더 중요한지를 판가름한다. 인간 본성이 중요하다면, 늑대무리에서 성장한 사람도 결국에는 인간으로 살아갈 수 있을 것이다. 사회환경이 중요하다면 훗날 인간 세상으로 돌아가더라도 그 아이는 다른 인간처럼 살 수 없을 것이다.

마찬가지로 본성이 중요하다면 남자를 여자처럼 양육하더라도 여자가 될 수는 없다. 반대로 사회환경이 중요하다면 남자로 태어났다 하더라도 여자처럼 양육하면 여자가 될 수 있다. 이것은 본성과 사회환경 중 무엇이 더 중요한지를 따지는 문제이고, 인문학과 사회과학은 이러한 문제를 바라보는 관점이 근본적으로 다르다. 인문학에서는 사람으로서, 인간으로서의 본성을 강조하고 사회과학은 인간을 둘러싼 사회환경에 주목한다.

첫 수업에 이 사례를 소개하고 실제 결과를 이야기하기에 앞서 학생들에게 각자의 예측을 물어보았다. 학생들은 '늑대소녀 이야기'나 '브루스 라이머'나 적응했을 것이라는 입장과 그럴 수 없었을 것이라는 입장으로 나뉘었다. 그런데 해를 거듭할수록 "브루스 라이머는 여자로 살아도 아무런 문제를 느끼지 않고 살았을 것"이라 응답하는 학생의 수가 점점 많아졌다. 최근에는 학생 대다수가 그 아이에게 아무런 문제가 없을 것으로 예측했다. 성별 차이는 원래 없고, 양육방식에 따라 달라진다고 생각하는 사람의 수나 비율이 최소한 청소년층, 청년층에서 증가한다는 뜻이었다.

오늘날 중등학교에서 성차별을 겪을 가능성은 상대적으로 많이 줄었고, 따라서 신체 차이를 제외하고는 성별 차이가 없다고 느끼는 것도 이상할 바는 아니다. 그러나 "성별 차이는 단지 사회문화의 결과물"이라고 생각하는 사람이 지나치게 많아지는 것도 무조건 바람직하다고 여기긴 어렵다. "성별 차이는 없고 인간은 동일하다."라는 주장은 사실이 아니기 때문이다. 실제로, 남자로 태어났으나 여자로 길러진 아이는 결국 '사회가 요구하는 여자'로 성장하지 못하였다. 성별 간의 선천적인 차이는 없다고, 그러니 남자아이를 여자처럼 길러도 괜찮다고 오판한 사람들 때문에 이 아이의 인생은 망가졌다. "이래야 한다, 이랬으면 좋겠다."라는 소망과 "실제로는 이렇다."라는 현실 사이에는 차이가 있다. 그리고 실제 사회문제를 의논할 때에는 현실을 이야기해야 한다.

필자도 과거에는 남자와 여자의 차이를 잘 알지 못했다. 안다고 해도 단지 지식으로만 알 뿐이었다. 그런데 아이들이 자라는 과정을 지켜보며 성별 차이를 실감했다. 1960~1980년대의 많은 학자는 남자와 여자의 차이가 없다고 생각했었다. 하지만 실제 아이를 기르던 학자들은 그 주류 의견에 반대했다. 필자도 양육자의 관점에서, 남자아이와 여자아이 사이에는 성격과 환경의 차이로 단순하게 일축할 수 없는, 선천적이고 본질적인 차이가 있다는 것을 부인하기 어렵다.

　성별 차이가 없다는 응답이 점점 많아지는 추세를 보면서, 그리고 남자아이와 여자아이가 아주 어릴 때부터 분명하게 다르다는 사실을 인지하면서, 두 성별이 다르다는 내용을 책으로 써야겠다고 생각했다. 이런 이야기를 하는 책은 시중에 많이 출간되었으나 대다수 독자가 그렇게 생각하는 건 아니다. 실제로 성별 차이는 없다고 생각하며 대학에 진학하는 학생이 많아지지 않았는가? 여기서 비슷한 책이 하나 더 추가된다고 해서 추세가 쉽게 변하진 않을 것이다. 그렇지만 다름의 현실을 이해할 기회가 늘지 않을까 희망한다. 혹자는 성별 간의 차이를 인정하면 결과적으로 성차별로 이어지지 않을까 우려한다. 의도하지 않더라도 결국 차별로 이어진다고, 차이가 존재한다는 사실 자체를 반대한다. 하지만 '다름'과 '차별'은 동의어가 아니다. 그리고 다르게 대해야 한다고 차별해야 한다는 말로 이어지지도 않는다. 차별, 편견 등과는 무관하게 사실이 무엇인지 알고, 같은 것은 같게 보고 다른 것은 다르게 보는 것이 중요하다고 생각한다.

　솔직하게 말하자면, 필자도 어린 시절에는 신체를 제외하고는 성차가 없다고 생각했다. 여자나 남자나 똑같은 사고방식을 공유할 거라 여겼다. 그래서 많은 실수를 저질렀다. 그런데 나이가 들수록 성별마다 다르다는 점을 실감했다. 나이가 들수록 간극이 좁아지는 게 아니라 벌어지는 듯하다. 결혼 이후 여자와 함께 사는 시간이 점차 늘어났음에도, 그 차이가 줄어들지는 않았다.

남자와 여자가 어떻게 다른지를 파악한다고 해서 둘 사이의 문제가 자연히 해결되는 건 아니다. 알기만 하면 해결될 수 있을 만큼 그 차이가 간단하지는 않은 듯하다. 하지만 최소한 상대를 이해하는 데에는 도움이 될 수 있으리라 예상한다. 이해한다고 공감이 되는 것도 아니고 문제가 해결되는 건 아니지만, 그래도 상대방을 크게 미워하지는 않을 수 있으리라 본다. 그 정도 도움을 줄 수 있을 거라는 기대로 이 책을 쓴다.

# 차례

머리말                                             • 005

## 제1장 뇌, 호르몬, 유전자
### 🠗 남자와 여자를 가르는 차이

다름의 의미                     • 017

실험의 희생자, 브루스 라이머       • 022

여자의 뇌, 남자의 뇌                • 028

남성성을 결정짓는 호르몬, 테스토스테론   • 033

성호르몬이 바꾸는 행복의 크기       • 038

이기적 유전자 이론                 • 043

타이타닉호 침몰 사건의 생존율       • 048

부서지기 쉬운 남자                 • 052

여자는 남자보다 더 오래 산다       • 056

신체가 다르다                     • 060

여자가 남자보다 더 빨리 달리게 될 것이다  • 063

혼성 경기는 공정하지 않다          • 066

# 제2장 다름의 형성

🍃 서로 다른
진화의 과정

수컷 사자 신화의 진실 · 073

진화론과 성선택론 · 078

남자의 재력, 여자의 외모 · 083

인간의 쌍방선택론 · 088

신체에 남은 난혼의 흔적 · 094

사냥과 채집 · 099

남자가 조직과 일에 몰두하는 이유 · 105

남자의 유일한 장점, 조직화 · 110

남자, 가만히 있기를 버거워하다 · 114

서로 다른 감각 · 118

강박과 히스테리 · 122

# 제 **3** 장　장난감, 수학, 경제　🍂남자와 여자의
다른 모습들

소꿉놀이와 스포츠 · 131

남자는 자동차, 여자는 인형 · 136

수학을 둘러싼 통념과 진실 · 140

차이의 핵심은 편차 · 145

서머스 총장의 사임 · 150

여학생이 남학생보다 성적이 우수한 이유 · 155

나의 소득, 가족의 자산 · 159

여자의 투자 수익률이 높은 이유 · 163

외모는 내 월급을 바꾼다 · 167

월급을 결정하는 태도의 차이 · 172

블라인드 테스트가 증명한 성차별 · 178

직업에서의 성공을 포기한 프린스턴 졸업생 · 182

# 제4장 차이의 실험

🍂 다름을 이야기한
다양한 연구

사모아의 청소년 • 191

키부츠의 성평등 실험 • 197

1년 6개월을 남자로 살았던 여자 • 201

성별에 따라 수건을 다르게 지급하는 이유 • 206

성별과 수명의 관계 • 211

결혼, 이혼, 재혼이 수명에 미치는 영향 • 215

쇼핑의 과학 • 218

서로 다른 쇼핑 • 226

태풍 이름이 '여성형'일 때 피해가 더 크다 • 230

맺음말 • 234

참고문헌 • 238

# 제 1 장

# 뇌, 호르몬, 유전자

🌿 남자와 여자를 가르는 차이 🌿

## 다름의 의미

성별 차이를 논하기 전에 먼저 확실히 짚어야 할 부분이 있다. 둘을 비교하며 '같다, 다르다' 등을 논의할 때, 무엇을 다르다고 하는 것인가? 그리고 어느 정도 다를 때 다르다고 말할 수 있는 것인가?

여자와 남자의 다름을 비판하는 가장 일반적인 논지는 "꼭 그렇지는 않다. 그렇지 않은 여자, 남자도 많다."이다. 보통 여자는 남자보다 어학을 잘하고, 남자는 여자보다 수학을 잘한다고 말한다. 그런데 이를 두고 "아니다. 남자보다 수학을 잘하는 여자나 여자보다 수학을 못하는 남자도 많다." 같은 반박이 튀어나온다. 비슷한 사례로 남자는 여자보다 키가 크다. 이는 일반적인 명제이다. 그렇다고 모든 남자가 모든 여자보다 키가 큰 건 아니다. 여성 모델은 모델이 아닌 남성보다 키가 클 수 있다. 하지만 그렇다고 해서 평균치가 달라지는 건 아니다. 여자가 남자보다 힘이 약하다는 말도 마찬가지이다. 여성 운동선수는 운동선수가 아닌 남성보다 신체능력이 탁월하다. 그러나 그렇다고 해서 여자가 남자보다 힘이 약하다는 말이 무조건 틀린 것도 아니다. 학술 조사를 해보면 남자는 여자보다 힘이 더 세다고 관측된다.

자연과학에서 어떤 명제의 옳고 그름을 검증할 때는 100% 사실 여부를 기준으로 한다. 다이아몬드가 유리보다 단단하다고 말하려면 다이아몬드는 무조건 유리보다 단단해야 한다. 90%의 다이아몬드가 유리와 부딪히면 유리가 깨지는데 10%의 다이아몬드가 유리와 부딪혀서 흠이 난다면, 이때는 다이아몬드가 유리보다 단단하다고 말할 수 없다. 전체 유리 중 1% 또는 0.1%가 다이아몬드보다 단단하다면 "다이아몬드는 유리보다 단단하다."라고 확언할 수 없다. 하지만 사회과학에서는 이런 식으로 판단하지 않는다. 이 기준을 적용하면 사회과학에서는 맞는 말이 하나도 없다. 남자가 여자보다 키가 크다고 한다면 남자가 모든 상황에서 여자보다 키가 크다고 이야기하는 게 아니다. 키 큰 여자도 있고 키 작은 남자도 있지만, 전체 평균을 측정하니 남자가 여자보다 더 크다는 말일 뿐이다. 남자는 수학, 여자는 어학을 잘한다고 할 때도 마찬가지이다. 모든 남자가 모든 여자보다 더 수학

사냥하는 남자 채집하는 여자

을 잘한다는 말이 아니다. 모든 여자가 어학을 남자보다 더 잘한다는 이야기도 아니다. 수학을 잘하는 여자, 어학을 잘하는 남자도 많이 있지만, 전체적인 평균을 볼 때 남자의 수학 점수가 더 높고, 여자의 어학 점수가 더 높다는 이야기일 뿐이다.

사회과학에서 "A가 B보다 어떻다."라고 하는 말은, 100% 사실이 아니라 평균치, 일반적 추세, 경향성을 가리킨다. 100% 진실이 아니라고 비판해서는 곤란하다. 자연과학이 아닌 한, 예외 없는 100% 기준은 적용되지 않는다. 사회과학에서는 60~70% 정도 타당하면 유의미한 연구 결과로 수용한다.

성별 차이를 둘러싼 두 번째 비판점으로는, 둘의 차이가 굉장히 사소하다는 것이다. 아주 작은 차이를 내밀며 침소봉대한다는 비판이다.

남자가 여자보다 수학을 잘한다고 해도, 남자는 90점 받을 때 여자는 50점을 받는 것이 아니다. 남자가 90점일 때 여자는 88점, 89점을 받을 만큼 거의 차이가 없다. 남자가 여자보다 키가 크다고 해서, 남자는 2m이고 여자는 1m인 게 아니다. 현재 한국 성인 남자 평균 키는 174.2cm이고 한국 성인 여자 평균 키는 161.7cm이다. 약 12.5cm밖에 차이가 나지 않는다. 자연에서 12.5cm의 차이는 커다란 변수가 아니다. 자연의 입장에서는 여자와 남자의 키 차이는 실질적으로 유의미하지 않다.

성별 차이가 있다 해도, 그 차이가 굉장히 미미하다는 말 자체는 타당하다. 그런데 인간 사회에서는 그 작은 차이가 중요하다. 2020 도쿄 올림픽에서 남자 100m 금메달 기록은 9.80초였다. 2등 은메달은 9.84초였다. 단지 0.04초 차이다. 자연의 입장에서 이건 아무런 의미가 없는 차이이다. 사실 이 둘의 달리기 실력은 똑같다고 봐도 무방하다. 그런데 이 0.04초 차이로 금메달과 은메달이 갈린다. 명예와 보상이 완전히 달라진다. 유명 콩쿠르에서 결승까지 간 사람들은 사실 실력 차이가 없다. 보통 사람들 눈에는 똑같다. 전문가의 식견에서만 파악되는, 아주 약간의 차이만 있을 뿐이다. 그런데 그 약간의 차이로 1등과 2등이 갈라진다. 그리고 등수의 차이, 입상 여부로 한 사람의 운명이 바뀐다. 대학 합격 여부도 커다란 실력 차이로 결정되는 게 아니다. 한 문제 차이, 0.1점 차이로 합격과 불합격이 나뉜다. 0.1점 차이로 신입생과 재수생이 나뉘고, 이후 인생 경로가 달라진다. 아주 약간의 차이, 보통 사람은 절대 구분할 수 없는 차이, 그 미세한 다름이 인간 사회에서는 중요하다.

사람과 침팬지 유전자 차이는 2%뿐이다. 2%가 사람이냐 침팬지냐를 결정짓는다. 사람 간의 유전자 차이는 0.1%이다.

우리는 서로가 모두 다른 사람이라고 생각한다. 하지만 우리 인류는 유전자적으로 모두 같다. 단지 0.1%만 다를 뿐이다. 0.1%는 차이를 느낄 수 없는 수준이다. 그런데 그 0.1% 차이로 우리는 서로가 모두 다르다고 여긴다.

유전자의 성별 차이는 어떨까? 사람과 침팬지는 2%, 사람들끼리는 0.1% 다르다고 할 때 말하지 않는 전제 조건이 있다. 인간 남성과 침팬지 수컷, 인간 여성과 침팬지 암컷 간의 차이점이다. 인간 남성-침팬지 수컷의 유전자 차이는 2%이고, 인간 남성 사이의 유전자 차이는 0.1%이다. 그런데 여자와 남자의 유전자 차이도 2%이다. 여자와 남자의 유전자는 인간과 침팬지의 유전자만큼 차이가 난다. 단지 인간과 침팬지의 유전자는 유전자 전체에서 차이가 있고, 성별 간 유전자는 성염색체 부분에서만 집중적으로 다를 뿐이다.[*]

2%. 전체를 고려하자면 아주 미세한 수치이다. 하지만 이 차이로 사람과 침팬지가 달라진다. 사람과 침팬지가 서로 같다고 말하면 아무도 동의하지 않는다. 2% 차이는 그런 것이다. 그런데 성별 간의 유전자 차이가 2% 정도이다. 차이가 거의 없는 건 맞으나 이 차이가 미세하다고 말하기는 힘들다.

---

[*] 올리비에 포스텔 비네이, 이화숙 옮김, 《X 염색체의 복수》, 기린원, 2008.

따라서 이 책에서 여자와 남자가 다르다고 할 때는 위에서 말한 내용을 고려해야 한다. 100% 다르다는 것이 아니라 평균이 다르다는 것이다. 추세가 다르다는 것을 이야기할 뿐이다. 모든 사람에게, 모든 경우에 그렇다는 것은 아니다. 그리고 다르다고 해도 크게 다른 것도 아니다. 아주 조금 다르다. 단지 그 작은 차이가 우리 생활에 영향을 미칠 수 있기에 다르다고 이야기할 뿐이다. 이 책에서 '같다' 또는 '다르다'라는 단어의 맥락은 이런 의미에서 사용되었음을 미리 밝힌다.


## 실험의 희생자, 브루스 라이머

1965년 8월, 미국의 한 병원에서 남자 쌍둥이가 태어났다. 형의 이름은 브루스였고, 동생은 브라이언이었다. 일란성 쌍둥이였기 때문에 유전자도 동일했다. 1966년 4월. 생후 8개월 만에 이 두 아이는 포경수술을 받기로 했다. 그런데 포경수술 도중에 사고가 발생했다. 포경수술 도중에 형 브루스의 남성기가 태워졌다. 2020년대라면 모조 성기를 달아줄 수도 있었을 것이다. 하지만 1960년대에는 그런 기술이 없었다. 브루스는 평생 성기 없이 살아가야 했다. 남성이 성기 없이 평생을 살아야 한다는 건 비극이다. 그런데 1960년대엔 성별 차이가 문화적 관습으로 정해지는 것이라는 인식이 확산되기 시작한 때였다.(이 내용은 4장의 '사모아의 청소년'에서 자세히 다룬다.) 그렇다면 당시 전문가들은 이 남자아이의 비극을 방지할 방법을 무엇이라 생각했을까? 바로 여자로 바꾸는 것이다.

이 남자아이에게 성전환 수술을 해서 앞으로 여자로 기르면 어떨까? 이 아이는 아직 생후 8개월밖에 안 되었다. 눈으로 보면 분간하기 어렵다. '씩씩하다' 또는 '예쁘다' 따위의 말도 많이 듣지 않았고, 옷차림에서도 차이가 없었다. 주위 사람들로부터 성 역할과 관련된 고정관념이 주입되지도 않았다. 그러니 여자로 기르면 별다른 문제 없이 여자로 자라날 수 있지 않을까? 남자를 여자로 바꾸는 것이다. 훗날 임신할 수는 없겠지만 성인이 되어 임신할 수 없다는 사실을 아는 것과 남자아이가 어렸을 때부터 성기 없이 자라는 것의 차이는 크다. 남자로 기르면 어려서부터 문제가 발생할 것이고, 특히 학교에 들어가서 친구들과 어울리다 보면 어떤 일이 벌어질지 모른다.

"성별 차이가 없다. 단지 기르는 방식에 따라 갈라질 뿐."이라는 생각이 널리 퍼진 시대였다. 그렇다면 생후 8개월부터 작정하고 '여자'로 기르면 아무 문제 없을 것이라 여겼다. 의사들도 그렇게 권유를 했고, 부모도 이를 받아들였다. 브루스는 성전환 수술을 받고 여자가 됐다. 이름도 브렌다로 바꾸

**23**

었다.

이 아이가 원래 남자아이라는 사실을 아는 이웃들과 접촉하면 문제가 발생할지 모른다. 그래서 부모는 이 아이의 과거를 아무도 알지 못하는 곳으로 이사했다. 쌍둥이인 브라이언에게도 브렌다의 원래 성별을 알려주지 않았다. 부모는 브렌다를 여자로 기르기 위해 노력했다. 보통 여자아이라면 바지도 입고 치마도 입겠지만, 브랜다에게는 항상 치마만 입혔다. 일부러 '전형적인 여자아이'로 행동하고 말할 수 있도록 지도했다. 이 프로젝트에는 전문 의사가 처음부터 참여했다. 이 의사는 이 아이의 성장 과정을 계속 관찰하고, 제대로 된 여자로 자라날 수 있도록 지도했다. 실험 초창기에는 프로젝트가 성공한 듯했다. 이 아이는 '아주 예쁜 여자아이'로 자라났다. 어렸을 때 사진을 보면 정말 전형적인 예쁜 여자아이로 보인다. 1972년, '브렌다 라이머' 이야기는 정식으로 학계에 소개됐다(물론 다른 가명으로 발표되었다). 남자로 태어났으나 성전환 수술을 해서 완벽한 여자로 자라난 사례였다. 이 논문 발표는 센세이션을 일으켰다. 성별 차이는 사회적 관습, 교육으로 형성된다는 가설을 증명하는 완벽한 증거였다. 이 사례는 1970년대 서양에서 페미니즘 운동이 본격화된 데에 상당히 이바지했다.

그런데 사실 이때쯤부터 문제가 발생하였다. 겉으로는 '예쁜 여자아이'로 자랐으나 행동은 그렇지 않았다. 브렌다가 원래 남자라는 사실을 몰랐던 쌍둥이 동생 브라이언은 자기 누나인 브렌다의 행동을 이렇게 설명했다.

다리는 항상 벌리고 앉았다. 말투도 남자 같았다. 청소, 결혼, 화장에는 아무런 관심이 없었다. 우리는 어려서 다른 남자아이처럼 눈싸움, 군대놀이, 성 쌓기 등을 하면서 놀았다. 어느 날 브렌다가 줄넘기 줄을 선물로 받은 적이 있었다. 그런데 브렌다는 이 줄넘기 줄을 친구들을 묶거나 때리는 용도로 사용했다. 브렌다와 나는 장난감 블록, 트럭 등을 가지고 놀았다. 브렌다가 받은 장난감 재봉틀은 드라이버로 분해했다.

어려서는 별다른 구분 없이 같이 놀기가 쉽다. 그래서 이런 행동도 큰 문제가 되지 않았다. 하지만 초등학교에 들어갈 나이가 되고, 이른바 '2차 성징기'가 되면서 문제가 가시화됐다. 이때부터 여아와 남아는 따로 어울리기 시작한다. 그런데 브렌다는 여자아이들과 어울릴 수 없었다. 무엇보다 여자아이들이 브렌다를 받아들이지 못했다. 완벽하게 따돌려졌다. 여자인 이상 남자아이들과 놀 수도 없었다. 이때 남자아이들은 육체적인 놀이를 하는데, 그들은 여자아이를 놀이에 끼워주려 하지 않았다. 브렌다가 원래 남자라는 사실을 모르는 사람들은 브렌다를 '굉장히 이상한 여자애'로 여겼다. 그는 문제아였다. 브렌다 자신도 자기가 이상한 아이라고 생각하고 자책하며 우울해했다. 그러나 브렌다의 행동을 남자아이의 행동으로 이해하면 아무런 문제가 없었다.

11세가 되면서는 더는 '예쁜 여자아이'로 보기도 힘들어졌다. 어깨가 넓어지고, 남자아이처럼 각이 생기기 시작했다. 목과 팔도 굵어졌다. 목소리도 점점 허스키하게 변했다. 당시 브렌다의 학교 생활기록부에는 이런 말이 적혀 있다.

등교 후 4일 만에 친구 간 관계에서 문제를 보이기 시작함. '남자 같다'는 놀림을 받음.

의학계에서는 브렌다의 이런 변화를 이해하지 못했다. 고환이 없으니 남성호르몬이 분비되지 않는다. 그동안 주기적으로 여성호르몬(에스트로겐) 치료를 받았다. 그런데 왜 목소리가 허스키해지는 등 남성의 특징이 두드러지게 나타나는 것일까? 이때까지 브렌다를 담당한 의료팀은 남성이 여성으로 변했다는 획기적인 연구로 굉장한 명성을 얻었다. 그런데 시간이 갈수록, 아무리 연구를 해도 '브렌다'는 '남성'이었다. 그간의 연구를 번복할 수 없었으니, 연구진은 최선을 다해 브렌다를 완벽한 여자로 만들고자 노력했다. 그러나 어떤 상담이나 호르몬 치료도 소용이 없었다. 브렌다의 문제는 점점 커져만 갔다. 그 모든 문제는, 브렌다를 남자로 인정하는 순간 해결될 사안들이었다.

결국 부모와 의학계는 이 실험이 실패했다는 것을 인정했다. 남자를 여자로 바꾸려는 시도는 실패했다. 부모는 브렌다에게, 원래 남자였다는 사실을 이야기했다. 처음에는 그 사실을 밝히면 브렌다가 크나큰 정신적 충격을 받으리라 예상했다. 하지만 브렌다는 자기가 남자였다는 사실을 알고 오히려 안도했다. 그동안 브렌다는 자기 자신을 이상한 아이라 생각하며 굉장히 괴로워했다. 그런데 자신은 이상한 아이가 아니었다. 문제아가 아니었다. 부모는 학교를 졸업한 후 다시 성전환 수술을 하자고 했지만, 브렌다는 즉시 남자로 돌아갈 것을 요구했다. 브렌다는 14세에 다시 남자가 되었다(이후 그는 '데이비드 라이머'로 개명하였다).

남자를 여자로 바꾼 시도가 결국은 실패했고, 브렌다가 다시 남자로 돌아갔다는 이야기는 과학계에서 한동안 비밀이었다. 프로젝트 연구진은 실험의 실패를 외부에 알리려 하지 않았다. 실험이 실패했다는 사실이 학계에 공식적으로 발표된 시기는 1997년이었다. 무려 20여 년이 지나서, 원래 연구진이 아닌 다른 연구자가 공개했다. 브루스(브렌다) 라이머 사례가 보고된 초창기에는, 성별 차이가 문화에서 기인한다는 이론을 증명하는 완벽한 증거로써 제시됐다. 그러나 결국에는 성별 차이에는 선천적인 측면이 있다는 주장의 결정적인 근거가 됐다.

## 여자의 뇌, 남자의 뇌

위 사례처럼 태어날 때 남자인 사람은 남자로 보아야 한다. 그러나 이 사례만으로 성별 차이가 선천적이라는 결론을 내릴 순 없었다. 극단적으로 가정해서, 브루스 라이머의 정신에 어떤 문제가 있어 그런 결과가 나온 것일 수도 있지 않은가? 연구자들은 다양한 가능성을 고려하기 시작했다.

남자와 여자의 차이가 과연 선천적인 결과인가? 아니면 사회환경의 결과인가? 이 논란이 심해지던 때, 해답은 완전히 엉뚱한 곳에서 나왔다. 성별 차이를 논의한 문화학·생물학·심리학 분야가 아니라, 의학계에서 그 해답이 제시됐다. 의학 기술이 발전해서 1980년대 CT 기술, 이어서 MRI 기술이 개발됐다. CT, MRI는 신체 내부를 볼 수 있는 기술이다. 이전에는 겉으로 나타나는 증상을 바탕으로 몸 안에 어떤 이상이 있는지를 추측했다. 하지만 CT, MRI 기술의 발전으로 신체 내부 상태를 바로 확인할 수 있었다. CT, MRI는 의학 기술의 혁명이었고, 이로 인해 의학은 엄청나게 발달했다. CT, MRI는 배 속의 장기만 볼 수 있는 게 아니었다. 머리, 뇌의 움직임도 볼 수 있다. 사람이 생각을 하면, 그러니까 '뇌를 사용'하면 혈류가 모이는 등의 다채로운 변화가 나타난다. 이전에는 이런 변화를 알 수 없었다. 하지만 MRI를 사용하면 그런 변화를 볼 수 있었다. 인간의 뇌가 어떻게 움직이는지를 파악할 방법이 마련된 것이다.

학계에서는 아주 오래전부터 인간 뇌의 작동원리를 계속 연구했다. 그 방법으로는, 뇌가 다친 사람이 그 후에 어떻게 변하는지를 조사하는 것이었다. 전두엽을 다친 사람의 행동이 이후에 어떻게 달라지는지를 보면, 전두엽이 어떤 역할을 하는지 알 수 있다. 예를 들어 뇌의 A 구역이 다친 사람은 언어능력을 상실했다. 그러면 A 부분은 언어를 담당하는 구역이다. 뇌의 B 구역을 다친 사람은 팔다리를 잘 못 움직인다. 그러면 B 부분은 팔다리 운동을 담당하는 구역이다. 이전에는 이런 식으로 뇌를 연구했다. 하지만 MRI가 개발된 이후에는 정확히 어떤 부분에서 어떻게 작용하는지를 알아내기가 훨씬 편해졌다. 보이지 않는 것을 자료를 이용해 추측하는 것과 눈으로 보면서 알아내는 건 완전히 다르다.

그렇게 인간의 뇌를 MRI로 계속 찍으면서 연구자들은 성별마다 뇌의 작동 방식이 다르다는 사실을 깨닫는다. 똑같은 자극을 주었을 때 성별마다 뇌가 반응하는 방식이 달랐다. 반응하는 뇌의 장소가 다르거나, 같은 장소에서 반응하더라도 사용되는 뇌세포의 범위가 달랐다. 이전에는 성별 간의 차이를 이야기할 때, 신체의 차이를 설명하는 내용이 모두 추측에 기반을 두었다. "이럴 것이다, 저럴 것이다."라고 주장했을 뿐이지, 실제 증거는 부족했다. 자기 주변에서 모을 수 있는 성별 간의 행동 차이를 근거 삼아 "이렇게 다를 것이다."라고 가설을 전개한 것에 불과했다. 그러나 MRI 촬영은 가설, 추측이 아니다. 실제 뇌의 움직임을 관찰한다. 이전에는 여자와 남자의 몸은 다르지만, 사고방식, 뇌의 움직임은 같다고 생각했었다. 하지만 아니었다. 여자와 남자의 몸이 서로 다른 만큼, 두뇌의 작용도 달랐다. 몸만이 아니라 마음도 달랐다. 지금까지 제시된 연구에 따라 뇌를 둘러싼 성별 간의 주된 차이를 표1로 정리했다.[*]

---

[*]    마이클 거리언, 이지현 외 1인 옮김. 《남자아이의 뇌 여자아이의 뇌》, 21세기북스, 2012.

|  | 역할 | 성별 차이 | 영향 |
|---|---|---|---|
| **뇌의 발달** | 주요 정신 능력 향상 | 여자의 뇌가 더 빠르게 성장함 | 여자가 남자보다 더 빨리 성숙하고, 여자의 정신연령이 남자보다 높아짐 |
| **뇌량** | 좌뇌와 우뇌를 연결 | 여자의 뇌량이 더 큼 | 여자는 좌뇌와 우뇌를 동시에 잘 활용하고, 직감력과 언어능력 등이 더 뛰어남 |
| **편도체** | 감정 처리를 담당 | 남자의 편도체가 더 큼 | 남자가 외부 자극에 더 공격적으로 행동 |
| **브로카 영역**\* | 언어능력을 담당 | 여자의 뇌에서 더 활발함 | 여성의 언어능력이 더 뛰어남 |
| **대뇌 피질** | 지적능력을 담당 | 남자는 좌뇌의 대뇌피질이, 여자는 우뇌의 대뇌피질이 더 두꺼움 | 남자는 주로 좌뇌를, 여자는 주로 우뇌를 사용 |
| **대뇌** | 사고, 생각을 담당 | 여성이 사용하는 영역이 더 넓음 | 여자의 대뇌는 더 넓게 계속 활용되기 때문에 다중작업이 수월함 |
| **후두엽** | 시각 정보를 담당 | 여자가 빛에 더 민감함 | 여자는 어두운 곳에서 남자보다 더 잘 볼 수 있음 |

**표1** 성별에 따른 뇌의 차이

성별에 따라 뇌는 다르다. 하지만 이렇게 다르다고 해서 남녀가 다르다는 사실에 모두가 동의하는 건 아니다. 여기에도 반론은 있다. 첫째, 성별마다 뇌가 다르긴 해도 그 차이가

---

\* 브로카 영역은 대뇌좌반구 전방 쪽에 존재하는 뇌의 특정 부위로, 언어능력을 담당한다.

굉장히 미미하다는 반론이다. 별것 아닌 차이를 제시하며 둘이 다르다고 말한다는 주장이다. 이러한 '미미한 차이'에 거부감을 보이는 사람도 많다. 다만 이 부분은 앞서 이야기했듯이 '어느 정도의 차이를 의미 있게 간주하는지'에 따라 달라진다. 즉 가치관의 문제이다.

둘째, 뇌의 차이도 선천적이지 않다는 의견이다. 뇌의 주요한 특성 중 하나는 가소성이다. 뇌는 고정된 물체가 아니다. 계속해서 변화한다. 뇌의 어떤 분야를 많이 사용하면 그 부분이 다른 곳보다 활성화된다. 어떤 부분을 사용하지 않으면 뇌 기능도 감소한다. 남자는 좌뇌, 여자는 우뇌를 주로 사용한다고는 하지만 이건 선천적인 차이가 아니라 사회환경에 따른 결과이다. 그래서 일각에서는 사회문화와 관습의 영향으로 뇌 자체가 달라질 수 있다고 주장한다.

그런데 뇌 차이가 문화에 기인한 가소성 때문에 발생했다면 문화에 따라 성별마다 뇌의 작동 방식이 달라야 한다. 하지만 성별에 따른 뇌의 작동 방식이 문화에 의해 변하는 사례는 거의 없다. 사회문화와 무관하게 세계 모든 인류에게서 이러한 성차가 존재한다. 성별에 따른 뇌 작동 방식의 차이는 문화가 아니라 태생의 결과로 보는 게 타당하다. 여태 여자와 남자가 같은지 다른지를 논쟁하긴 하여도, 최소한 자연과학자들 사이에서는 그 논쟁이 거의 사그라들었다. 여자와 남자는 사고방식이 서로 다르다.


## 남성성을 결정짓는 호르몬, 테스토스테론

성별에 따라 뇌가 다르다는 사실이 드러나기 전, 성별 간의 선천적 차이를 주장한 측에서는 주요한 근거로 '호르몬'을 제시했다.

남성은 테스토스테론 호르몬이 분비되고, 여성은 에스트로겐이 분비된다. 처음 태아일 때는 육체적으로 모두 여자다. 임신 후 몇 주가 지나서 테스토스테론 호르몬이 분비되면 남성이 되고, 테스토스테론 호르몬이 분비되지 않으면 여성이 된다. 남자에게는 테스토스테론만 있다거나, 여자는 에스트로겐만 있는 건 아니다. 보통 남성이라 해도 여성호르몬이 20~40pg/ml 정도 있기는 하다. 여성이 보통 40~400pg/ml 정도의 여성호르몬을 가지고 있는 것에 비해 상당히 적은 양이다. 그리고 여성의 신체에도 테스토스테론이 있다. 남성은 보통 2.6~15.9ng/ml 정도의 테스토스테론이 있는데 여자는 0.1~1ng/ml 정도의 테스토스테론을 가진다. 이 남성호르몬, 여성호르몬의 비율에 따라 남자, 여자의 남성적 경향, 여성적 경향성이 달라진다. 같은 남성이라 해도 테스토스테론이 많이 분비되는 사람은 보다 남성성이 강하고, 테스토스테론이 적게 분비되면 여성성이 강하다. 여자라 하더라도 테스토스테론이 많이 분비되면 남성성이 강하다. 호르몬이 남성과 여성성을 결정한다고 보는 견해에서는 이런 식으로 성별 차이를 설명했다.

테스토스테론과 에스트로겐 중 성별 경향성에 큰 영향을 미치는 건 테스토스테론이다. 테스토스테론으로 인해 형성되는 성향 중 대표적인 건 '공격성'이다. 이른바 사회적 지위를 높이기 위해서는 이런 성향이 필요하다. 과거 수렵채집시대에는 신체능력이 탁월한 남자의 사회적 지위가 높을 거라 예상하는데, 사실 육체적인 힘은 남자의 지위를 결정하지 않는다. 힘이 아주 세더라도 성격이 유순하면 싸움에서 이기지 못한다. 사회적 지위를 높이기 위해서는 싸움에서 이겨야 하는데, 싸움 자체를 좋아하지 않고 피하면 높은 지위로 올라가기 힘들다. 육체적 힘은 약하더라도 공격적인 남자, 싸우려는 남자가 더 높은 지위로 올라간다.

테스토스테론이 공격성을 강화하기 때문에 테스토스테론 수치가 높은 남자들은 보통 현대 사회에서 적응하기 힘들다. 잘 참지 못하고 폭력을 행사한다. 범죄를 저질러 교도소에 수감될 가능성이 높다. 평균적으로 테스토스테론이 가장 많은 남성 집단은 범죄자 집단이다. 만약 폭력, 살인이 일상적으로 일어났던 과거의 수렵채집시대가 오늘까지 이어졌다면 이런 부류가 사회의 지도층을 차지하고 있을 것이다.

테스토스테론으로 인해 형성되는 또 다른 성향은 '경쟁심' 이다. 테스토스테론이 높으면 상대방과의 경쟁을 원하고 상대방을 이기려 한다. 평등하고 화목한 공동체는 테스토스테론과 어울리지 않는다. 테스토스테론이 많으면 상대방을 이기고 자신이 앞서 나가기를 바란다. 그래서 테스토스테론이 많은 남자가 사회에서 높은 지위를 가지는 경우가 많다. 계속 경쟁을 하고, 경쟁에서의 승리를 추구하여 높은 지위까지 올라간다. 테스토스테론이 가장 많은 남자는 범죄자가 된다. 그다음으로 많은 남자, 차상위 집단이 현대 사회에서 높은 지위를 차지한다. 테스토스테론이 많아서 높은 지위를 차지하는 건 남자만의 이야기가 아니다. 사회적으로 성공한 여성들을 조사해 보면, 남성보다 테스토스테론 수치가 높진 않아도 보통의 여성보다 테스토스테론 수치가 높게 측정된다. 테스토스테론이 높을 때 다른 사람과 경쟁해서 이기려는 의욕이 강하고, 계획을 실천할 가능성이 높다.

테스토스테론은 '성욕'도 관장한다. 테스토스테론이 높을 때 이성을 만나려는 욕구, 성관계를 하려는 욕구가 강해진다. 테스토스테론 수치는 청소년기, 청년기를 기준으로 어릴수록 높고, 일정 연령 이후에는 계속 감소한다. 결혼하고 아이를 부양하면 테스토스테론 수치가 감소한다. 나이가 들었는데도 테스토스테론 수치가 높으면 외도를 할 가능성이 상승한다.

테스토스테론은 '위험 감수 행동'에도 영향을 미친다. 테스토스테론 수치가 높은 사람은 보다 공격적으로 금융에 투자한다. 위험이 있다 하더라도 두려워하지 않고 시도한다. 테스토스테론이 낮으면 안정지향적인 투자를 지향한다. 위험할 때는 뒤로 물러난다. 즉 테스토스테론이 많은 사람은 위험할 때에도 앞으로 나서니 리더로 인정받거나 높은 사회적 지위를 얻을 가능성이 높다. 위험할 때 투자를 하니 망하는 사람들도 있기는 하지만 높은 수익을 올리는 사람도 나온다. 이런 위험 감수 행동 때문에 사회적 성공 가능성이 올라가는 것이다.

여성과 비교하여 남성의 특징으로 간주되는 것들 대부분이 테스토스테론 호르몬의 기능과 역할로 설명된다. 남성은 선천적으로 여성보다 테스토스테론이 많고, 남성 사이의 차이도 호르몬 분비량으로 설명될 수 있으니, 이러한 차이를 선천적인 것으로 보아야 할까? 하지만 호르몬 차이를 무조건 선천적인 차이라고 말하기 어려운 측면이 있다. 호르몬 분비량은 자기 의지나 행동으로 변화시킬 수 있기 때문이다. 가슴을 펴고 최대한 몸이 커 보이도록 자세를 취해 보자. 자신감이 있어 보이는 이런 자세를 2분 정도 유지하면 평상시보다 테스토스테론 수치가 20% 증가한다. 이에 반해 몸을 웅크리는 자세를 취하면 테스토스테론 수치가 10% 낮아진다. 공격적인 자세를 취하면 테스토스테론 수치가 20% 증가하고, 도망치는 듯한 자세를 취하면 테스토스테론 수치가 10% 감소하는 것이다.

시합 때도 마찬가지이다. "시합에서 이겨야지!"라고 기합을 넣으면 테스토스테론 수치가 높아진다. "이 시합은 안 되겠다, 포기하자."라고 생각하면 테스토스테론 수치가 낮아진다. 그리고 실제 경기에서 이기면 테스토스테론 수치가 높아진다. 테스토스테론이 높은 사람들이 폭력성, 공격성이 높다고 했지만 평범한 사람도 다른 사람에게 화를 내거나 공격을 하면 테스토스테론 수치가 높아진다. 참고 뒤로 돌아서면 테스토스테론 수치가 낮아진다.

이런 실험 결과를 보면, 테스토스테론 수치가 먼저인지, 공격성과 경쟁성이 먼저인지는 모호해진다. 테스토스테론이 높아서 공격성과 경쟁성이 높아지는 것인지, 공격성과 경쟁심이 높아서 테스토스테론이 높아지는 것인지 인과관계가 모호하다. 호르몬이 중요하다고 보는 쪽에서는 테스토스테론 수치가 높아서 공격성과 경쟁심이 상승한다고 이해하고, 문화나 관습이 중요하다고 보는 쪽에서는 공격성을 발휘하니까 테스토스테론이 높아진다는 점을 중시한다.

자기 자신을 다스리고 관리를 잘하는 사람은 테스토스테론에 지배받지 않는다. 오히려 자기 의지대로 테스토스테론 수치를 관리하면서 자기가 원하는 것을 추구할 수 있다. 물론 남성과 여성을 결정하는 과정에서 요구되는 테스토스테론 분비량이나 2차 성징을 결정짓는 데 필요한 테스토스테론의 분비량까지 조절할 수 있는 건 아니다. 하지만 공격성, 경쟁심 등과 관련된 테스토스테론은 조절하려고 노력하면 관리가 된다. 최소한 상대방에게 폭력을 행사할 정도로 테스토스테론에 지배당하지는 않을 수 있다고 본다. 다만 관리 여부와는 별개로 남성은 어쨌든 테스토스테론에 통제되는 존재이다. 테스토스테론이 없다면 남자와 여자의 생각, 행동의 차이는 상당히 감소할 것이다.

## 성호르몬이 바꾸는 행복의 크기

최근 사회과학에서 '행복'은 중요한 연구 주제다. 인생의 목적을 행복한 삶으로 보고, 행복을 평가 기준으로 삼는다. 경제적인 풍요, 사회적으로 인정받는 생활 자체보다는, 그런 요소가 인간의 삶에 어떤 행복을 주는지가 중요하다.

어떻게 하면 더 행복해질 수 있는가? 이와 관련한 많은 연구가 이루어졌고, 확실한 대답도 얻었다. 친구가 있는 사람, 성공적인 결혼 생활을 유지하는 사람, 상대적으로 나이가 많은 사람이 더 행복하다. 행복과 무관한 요소들도 파악됐다. 자녀가 있다고 없는 사람보다 행복한 건 아니었다. 건강은 행복과 큰 상관이 없었다. 어느 수준에 이르면 돈이 행복을 증가시키진 않았다. 더불어 행복의 부정적인 측면도 발견됐다. 행복한 학생은 상대적으로 학업 성취 수준이 낮고, 행복한 직원은 업무 실적이 별로 좋지 않았다. 행복하지 않은 사람이 점수가 높고 업무 실적이 좋았다는 뜻이다. 항상 긴장하고 걱정하는 사람이 미래를 대비하고 준비하며 결국 성과를 창출한다. 행복과 생산량의 반비례 관계를 고민하면, 과연 행복을 추구하는 삶이 무조건 올바른지 회의하는 사람도 있다. 어쨌든 현대 사회에서 행복은 굉장히 중요한 목표이자 과제다. 그러면 남자와 여자 사이에는 행복도의 차이는 어떻게 나타날까?

'행복도'를 연구할 때는 보통 설문조사를 실시한다. 행복은 주관적인 마음 상태이므로, 설문조사 말고는 관측 방법이 전무하다. "당신은 지금 현재 얼마나 행복한가?"라는 질문에 답한 내용(수치)을 근거로 결과를 분석한다. 당신(응답자)이 생각하기에 가장 불행한 상태가 1이고 가장 행복한 상태는 10이라고 했을 때, 당신이 현재 상태를 어떻게 인식하는지

확인한다. 이런 조사의 성별 차이를 살펴보면 다채로운 결과를 확인할 수 있다. 둘 사이에 차이가 없다는 결론, 남자가 더 행복하다는 결론, 여자가 더 행복하다는 결론이 연구마다 다르게 도출된다. 관건은, 설문조사 결과를 어디까지 믿을 수 있는지에 있다.

행복은 주관적인 개념이다. 따라서 사람마다 기준이 다르다. 행복에 관한 가장 유명한 연구 사례로, 세계에서 가장 행복도가 높은 나라가 '부탄'이라는 설문조사 결과가 있다. 2010년도에 영국의 신경제재단NEF에서 세계 각국 국민의 행복도를 조사했는데, 부탄이 가장 높게 나왔다. 그러면 부탄 국민이 정말로 행복한 것일까? 다른 나라 사람이 부탄 사람을 부러워해야 하는 걸까? 매일 범죄에 시달리는 피해자는, 범죄에 당하는 빈도수가 줄면 행복을 느낀다. 하지만 그 사람이 정말로 행복한 상황에 놓여 있다고 평가하기는 곤란하다. 남자와 여자의 행복도 차이를 비교할 때에도 이런 부분을 고려해야 한다. 둘은 애초에 평가 기준이 다를 수 있기 때문이다.

행복도 조사에서 가장 신빙성이 높은 조사는, 같은 사람의 행복도를 주기적으로 조사한 연구이다. 젊었을 때 이 사람이 5점 정도로 행복하다고 답했는데, 이후 7점 정도 행복하다고 답했다면, 세월이 흐른 후에 행복감이 늘었다고 평가할 수 있다. 자녀가 없었을 때는 행복도를 6점이라 답했는데, 자녀가 생긴 다음에 행복도를 4점이라 답했다면, 자녀로 인해 행복도가 줄었다고 말할 수 있다. 신뢰성 있는 행복도 연구 결과란, 보통 이런 식으로 같은 사람을 주기적으로 조사한 실험에서 관측된다.

남자와 여자의 행복도를 비교하는 실험에서도 마찬가지다. 한 사람이 남자일 때와 여자일 때 각각 응답한 행복도 점수를 비교하면 된다. 그러면 여자일 때 행복한지 남자일 때 행복한지 알 수 있다. 그런데 여자는 계속 여자이고 남자는 계속 남자이다. 이 둘을 같이 경험한 사람을 조사해서 남녀 중 누가 더 행복한지 알아내는 것은 불가능하지 않을까? 실제로 그런 사례가 있긴 하다. 바로 트랜스젠더Transgender다. 그들은 여성의 신체에서 남성의 신체로 확정 수술을 받은 사람FTM, 남성의 신체에서 여성의 신체로 확정 수술을 받은 사람MTF으로 나뉜다. 이들을 대상으로 여자였을 때의 행복도와 남자였을 때의 행복도를 조사하면 성별 간 행복도가 얼마나 다른지를 알아낼 수 있다. 조사 대상 수가 많지 않다는 한계가 있긴 하여도 다른 방식보다는 훨씬 더 신빙성이 있는 결론을 도출할 수 있다.

트랜스젠더의 행복도 조사 결과도 동일하다. 남자일 때와 여자일 때 중 남자일 때가 더 행복하다. 그런데 그 이유가 재미있다. 남자로 살 때는 별다른 고민을 하지 않았다. 생각이 없어지고, 걱정도 덜한다. 그러다보니 행복감을 더 느꼈다. 반대로 여자로 살 때는 여러 고민에 휩싸인다. 많이 생각하고 걱정한다. 본인은 고민이 많다고 느끼진 않는다. 어릴 때부터 원래 그런 식으로 지냈다고만 느낀다. 그러다 남자로 성전환을 한 사람들이 계속해서 남성호르몬을 주입받자, 점차 생각이 줄어든다는 사실을 깨닫는다. 생각의 절대량이 줄자 모든 면을 단순하게 바라본다. 고민이나 걱정이 줄어드는 것이다. 반대로 남성이 여성호르몬을 계속 주입받으면 생각이 많아진다. 이전에는 아무런 고뇌도 하지 않은 채 지냈으나 여성호르몬을 주입받으면서 변하기 시작한다. 사람은 보통 즐거운 일을 상상하기보다는 두렵거나 걱정되는 일을 자주 염려한다. 걱정이 늘면 결국 행복도가 감소한다.

남자는 여자보다 더 행복하다. 그런데 그 이유로, 남자가 더 긍정적이고 정말로 더 행복해서는 아니었다. 남자는 여자에 비해 생각이 없다. 같은 사건을 두고도 여자는 고민하는데 남자는 크게 염려하지 않는다. 여성의 시선에서 남성은 단순한 동물이다. 이른바 '단세포적인 존재'다. 대체로 생각이 복잡하고 방대한 사람일수록 걱정이 많고 행복에서 멀어진다. 이런 이유로 남자와 여자의 행복도는 다르다.

# 이기적 유전자 이론

2021년 11월, 인천 경찰에 신고가 들어왔다. 층간 소음 문제로 빌라 주민들 사이에 분쟁이 발생해 경찰이 출동했다. 그런데 경찰이 현장에 있을 때, 한 주민이 칼을 휘둘러 다른 사람들을 다치게 했다. 경찰은 칼을 휘두르는 사람을 제압하지 않고 현장에서 도주했다. 다른 사람이라면 도망치는 것이 당연한 일이라 할 수 있으나 경찰이 이런 자리에서 도망치는 건 부당하다. 그런 때 어떤 식으로든 문제를 해결하라고 경찰을 두는 것이니까.

이때 여자 경찰이 도망갔고, 그래서 사람들은 여경이 사건을 무서워하여 도망갔다며 비난했다.* 정부는 이를 두고, "이것은 성별 문제가 아니라 경찰 본인의 책임감, 자질의 문제라는 점, 그리고 신입 경찰들이 코로나로 인해 제대로 된 훈련을 받지 못하고 현장에 배치되었다는 점 등이 문제"였다고 주장했다. 정부와 경찰은 이 경찰의 무책임한 행동이 성별 차이가 아니라 훈련의 차이, 책임감의 차이에서 비롯된 잘못이라고 말했다. 그렇다면 이를 성별 간의 차이로 설명할 방

---

* 당시 사건을 조사한 기사를 보면, 피해자 측은 남성 경찰이 여성 경찰의 등을 떠밀며 현장을 이탈했다고 주장했다. 《한국일보》, 〈"남경이 여경 등 떠밀며 현장 이탈"…'인천 흉기난동' 피해자 측, CCTV 공개 청원〉. [https://www.hankookilbo.com/News/Read/A2021122710390003727] (2021.12.27.)

법은 아예 없는 것일까?

생물학에는 '이기적 유전자 이론'이 있다. 생물체를 구성하는 기본은 유전자이다. 유전자는 자기 유전자가 살아남고 파급되는 것을 목적으로 행동한다. 자기 유전자가 멸절되지 않고 후세에 계속해서 전달되고 이어지기를 원한다. 생물들은 사실상 이런 유전자의 이동 매개체일 뿐이다. 생물을 태어나서 죽는다. 죽기 전에 어떻게든 생식하여 후손을 남기려 한다. 모든 생물은 생식하여 번식하기를 주된 목적으로 살아간다. 그런데 이것은 생물 그 자체를 위한 건 아니다. 유전자를 위한 것이다. 유전자가 자신을 남기기 위해, 장막 뒤에 숨어 생물을 조종한다. 동식물은 자신을 위한 행동이라 생각하고 움직이지만 실제로는 유전자의 이익, 번식을 위해 조종된 행동에 불과하다.

이런 개념을 소개한 책이 리처드 도킨스Richard Dawkins의 《이기적 유전자》이다. 원래 1966년 생물학자 조지 윌리엄스George Christopher Williams가 제시한 개념이었는데, 리처드 도킨스의 책이 세계적인 베스트셀러가 되면서 비전문가들에게도 알려진다. '이기적 유전자 이론'은 발표된 후 많은 비판을 받았다. 이기적 유전자 이론에 의하면 사람도 유전자에 조종된다. 인간이 단지 유전자를 후손에게 전달하는 수단이라는 건 인정하기 힘들다. 인간은 이성을 발휘하고 모두의 행복과 복지를 위해 노력하는 고귀한 존재인데, 단순한 유전자 전달체에 불과하다는 주장은 말도 안 된다고 여긴 것이다. 그런데 문제는, 이기적 유전자 이론이 설명할 수 있는 현상이 아주 많다는 점이었다. 그동안 이해할 수 없었던 인간과 동물의 행동들이 이기적 유전자 이론으로는 설명할 수 있었다.

가장 대표적인 사례가 '서로 협조하는 인간 행동'이다. 어려울 때 서로 돕는 광경은 인간의 이타성을 증명한다. 그런데 이상한 부분이 있었다. 인간이 서로 돕기는 하는데, 가까운 친척일수록 더 많이 돕는다. 오랫동안 떨어져 지냈고, 그래서 이웃보다 못한 사람인데도, 그런 친척을 바로 옆에 있는 이웃보다 더 돕는다. 친척이라고 모든 친척을 다 똑같이 돕는 것도 아니다. 가까운 친척을 더 돕는다. 할머니가 애를 잘 돌봐 준다고 할 때, 어디까지나 자신의 손주를 잘 돌보는 것이지, 모든 아이를 잘 돌보는 건 아니다.

이기적 유전자 이론에 기반했을 때, 남자와 여자는 어떻게 다를까? 남자도 유전자가 있기는 하다. 하지만 남자는 본인만의 힘으로 유전자를 후세에 남기지 못한다. 유전자를 후세에 전달할 수 있는 건 아기를 낳을 수 있는 여자뿐이다. 그러면 남자가 유전자를 후세에 남기기 위해서는 어떻게 해야 할까? 여자를 보호하거나 어린아이를 보호해야 한다. 유전자 입장에서는 남자가 나이 들다 죽으면 그냥 끝이다. 남자 몸

**45**

을 보호한다고 해서 유전자가 더 증식되는 건 아니다. 유전자가 더 증가하고 계속 이어지기 위해서는, 남자는 다른 사람을 보호해야 한다. 다른 사람이 더 오래 살도록 하고, 다른 사람이 죽지 않고 살아남게 해야 한다. 이기적 유전자는 꼭 자기 유전자만을 보전하기를 고집하지 않는다. 자기 유전자의 증식이 불가능하다면 자기 유전자와 가장 가까운 유전자가 증식하기를 원한다. 남자는 자기를 보호한다고 유전자를 증식할 순 없지만 다른 사람을 보호할 때에는 유전자가 증식할 가능성이 있다.

여자는 다르다. 위험이 닥쳤을 때, 본인의 몸을 우선 보호해야 한다. 여자는 본인을 최우선으로 할 때 유전자가 살아남고 후손에 전달될 확률을 높인다. 다른 사람을 살리기 위해 자신을 희생하는 건 유전자 입장에서 어리석은 선택이다. 다른 사람을 살리는 것보다 자기가 살아남는 것이 유전자 입장에서는 더욱 확실한 생존 방식이다. 예외가 있다면 '자식'이다. 본인이 낳은 자식은 자기보다 더 오래 살 수 있다. 그래서 자기를 희생해서 자식을 살리는 건 유전자 입장에서는 더욱 오래 살아남는 방법이다. 여자의 유전자 입장에서 가장 우선순위가 높은 건 자기 자식, 자기 몸이다. 타인은 그다음이다.

이기적 유전자 이론에서 볼 때 여자는 본인과 자식을 가장 우선시해야 한다. 이와 달리 남자는 자기 자신을 위한다 해도 별 소용이 없다. 여자나 어린아이, 다른 사람을 우선해야 유전자가 더 살아남는다. 유전자 입장에서 남자는 다른 사람을 위해 자기 자신을 희생해야 정의롭다. 하지만 여자는 아니다. 여자가 다른 사람을 위해서 자기 자신을 희생하면 안된다. 여자 본인이 살아남아야 정의롭다.

물론 여자라고 해서 다른 사람을 돕지 않는다는 말은 아니다. 봉사활동, 불우이웃 돕기 활동에 참여하는 비중을 따지자면 남성보다 여성 참가자가 훨씬 많다. 그런데 그야말로 자기 자신의 목숨을 희생하여 다른 사람을 살리는 영역으로 가면 성별 차이의 양태가 달라진다. 물에 빠진 사람을 구하고 대신 죽은 사람, 지하철 선로에 떨어진 사람을 구하고 죽은 사람, 화재에서 사람을 구하고 대신 죽은 사람은 거의 남자이다. 꼭 대신 죽지는 않고 구출에 성공했다 하더라도, 그런 목숨이 위험한 상황에서 다른 사람을 구하려 뛰어드는 사람은 남자들이다. 물론 그런 상황에 자기 목숨을 돌보지 않고 뛰어드는 여성도 많다. 그런데 그런 경우 구조된 인물은 거의 자식인 경우가 많다. 자기 자식을 구하기 위해 목숨을 희생하는 어머니의 사랑은 잘 알려져 있다. 그런데 이 희생적인 사랑이 자식이 아닌 타인에게는 잘 발생하지 않는다. 이런 남자, 여자의 특성은 이기적 유전자 이론으로는 설명하기 쉽다. 유전자 입장에서 남자는 다른 사람을 살려야 하고, 여자는 본인과 자식을 지켜야 한다. 단순하게 타인을 돕는 업무가 아니라, 목숨을 걸고 타인을 구해야 하는 업무는 여성의 유전자와 맞지 않을 수 있다.

## 타이타닉호 침몰 사건의 생존율

타이타닉호 침몰 사건은 20세기 최악의 재난 사고로 꼽힌다. 타이타닉호는 1912년에 건조됐다. 당시 기준 최첨단, 최고급, 최대의 호화 여객선이었다. 어떤 파도에도 흔들리지 않고 운행할 수 있으니, 타이타닉호는 절대로 침몰하지 않는 배로 여겨졌다. 하지만 그 배는 첫 번째 항해에서 침몰한다. 항해 중 빙하에 부딪혔고, 그때 생긴 구멍으로 바닷물이 유입되어 결국 배가 대서양 한가운데에 가라앉았다. 승선자 2,224명 가운데 68%가 사망했다. 타이타닉호 침몰 사건의 피해 규모는 전 세계를 충격에 빠뜨렸다. 무려 1,514명이 동시에 수장됐다. 전쟁이나 대지진 따위의 천재지변이 아닌, 재해로 이렇게나 많은 사람이 한꺼번에 죽는 일은 생소하다. 1912년이라는 시대 배경도 고려해야 한다. 한번에 1,514명이 사망한 사고는 당시엔 전무후무했다.[*]

| 분류 | 탑승자 (명) | 생존자 (명) | 사망자 (명) | 생존율 (%) | 사망률 (%) |
|---|---|---|---|---|---|
| 1등실 | 325 | 202 | 123 | 62 | 38 |
| 2등실 | 285 | 118 | 167 | 41 | 59 |
| 3등실 | 706 | 178 | 528 | 25 | 75 |
| 승무원 | 908 | 212 | 696 | 23 | 77 |
| 전체 | 2,224 | 710 | 1,514 | 32 | 68 |

**표2** 타이타닉호 생존자(율) 및 사망자(률) 비교

타이타닉호 객실은 1등실, 2등실, 3등실로 구분했다. 1등실은 최고 상류층 고객만이 사용할 수 있었다. 1등실 이용객은 325명이었다. 3등실은 일반 서민이 사용했고, 이용객은 총 706명이었다. 2등실 이용객은 285명이었다. 그런데 승객의 객실 층위에 따라 사망률이 상이했다. 1등실 승객 중 생존자는 202명으로, 생존율은 62%다. 2등실 승객 생존율은 42%, 3등실 승객 생존율은 25%였다. 같은 배에 타고 있다가 사고를 당했는데, 상대적으로 좋은 객실에 있었던 승객일수록 더 많이 살아남았다.

이유는 간단하다. 구명보트가 1등실 승객에게 우선 배정됐다. 1등실 승객 대부분이 탈출할 때까지 2등실, 3등실 승객

---

＊ 해당 본문에서, 타이타닉호 침몰 사건의 통계 기록은 《TITANIC INQUIRY PROJECT》, 〈Senate Inquiry-Witness〉. [https://www.titanicinquiry.org/USInq/USReport/AmInqRep03.php#a8]을 참고했다.

은 구명보트에 접근조차 금지되었다. 3등실 승객에게는 승무원들이 탈출 지시도 제대로 안내하지 않았다. 3등실 승객은 알아서 갑판 위로 나와야 했다. 사회계층에 따라 태도가 달랐고 구호 조치도 달랐다. 사람을 계층으로 나누어 다르게 처우했던 행태에 많은 비판이 쏟아졌다. 그렇다면 당시 사망률을 성별로 구분하면 어떻게 될까?

| 분류 | | 탑승자 (명) | 생존자 (명) | 사망자 (명) | 생존율 (%) | 사망률 (%) |
|---|---|---|---|---|---|---|
| 1등실 | 어린이 | 6 | 5 | 1 | 83 | 17 |
| 2등실 | | 24 | 24 | 0 | 100 | 0 |
| 3등실 | | 79 | 27 | 52 | 34 | 66 |
| 1등실 | 여성 | 144 | 140 | 4 | 97 | 3 |
| 2등실 | | 93 | 80 | 13 | 86 | 14 |
| 3등실 | | 165 | 76 | 89 | 46 | 54 |
| 1등실 | 남성 | 175 | 57 | 118 | 33 | 67 |
| 2등실 | | 168 | 14 | 154 | 8 | 92 |
| 3등실 | | 462 | 75 | 387 | 16 | 84 |
| 승무원 | 여성 | 23 | 20 | 3 | 87 | 13 |
| 승무원 | 남성 | 885 | 192 | 693 | 22 | 78 |
| 전체 | | 2,224 | 710 | 1,514 | 32 | 68 |

**표3** 성별을 기준으로 분석한 타이타닉호 생존자(율) 및 사망자(률) 비교

1등실 남자의 생존율은 33%였고, 1등실 여자의 생존율은

97%였다. 3등실 남자의 생존율은 16%였고, 3등실 여자의 생존율은 46%였다. 1등실 남자는 3등실 여자보다 생존율이 낮았고, 심지어 여성 승무원의 생존율보다 낮았다. 전체 승무원 생존율은 23%로 3등실 승객보다 생존율이 낮았다. 하지만 여성 승무원 생존율은 87%이다. 결국 타이타닉호에서 생존율에 더 큰 영향을 미친 건 객실 등실보다는 성별이었다.

2, 3등실 승객에게 구명보트 자리를 주지 않았다고는 하지만 이것도 어디까지나 남자에 한정해서다. 여자는 객실 등실과는 무관하게 구명보트 자리를 안내받았다. 1등실 남자보다 3등실 여자가 우선 구출됐다.

타이타닉호 침몰 당시 여성을 더 많이 살리려고 노력한 이유는 무엇일까? 당시 유럽 사교계에 퍼진 신사도 정신, 이른바 '레이디 퍼스트<sub>Lady First</sub>' 문화 때문이라 볼 수도 있다. 실제 타이타닉호에서 1등실 남성은 자기 자리를 요구하면 얼마든지 구명보트에 오를 수 있었다. 하지만 많은 1등실 남성이 여성에게 자기 자리를 양보했다. 그런데 이러한 '레이디 퍼스트' 관념은 앞에서 본 이기적 유전자 이론과 긴밀히 연결되어 있다.

인류가 살아남기 위해서는 여성이 살아남아야 한다. 남성은 자신을 희생해서 여성과 어린아이를 살려야 한다. 그래야 유전자가 계속 생존할 수 있다. 여성은 자신을 지켜야 한다.

여성이 다른 사람, 특히 남자를 위해 자신을 희생하는 건 유전자 입장에서는 어리석은 행동이다. 따라서 타이타닉호 침몰 사건은 이기적 유전자가 우리에게 영향을 끼치고 있음을 드러낸 극적인 사건이다.

## 부서지기 쉬운 남자

보통 남성은 여성보다 신체능력이 더 좋다고 본다. 하지만 힘이 세다고 몸이 튼튼하다고 말할 수 있을까? 신체능력이 강하다 하더라도, 병에 덜 걸리거나 장수한다고 확신할 수 있을까? 성별에 따른 건강 차이와 관련하여, 영국의 서배스천 크레이머Sebastian Kraemer는 2000년에 〈The fragile male〉라는 논문을 발표했다. '부서지기 쉬운 남자'라는 제목 그대로 남자가 여자보다 허약하다는 골자를 담은 논문이었다.

남자와 여자는 23번째 염색체인 성염색체가 다르다. 남자는 XY염색체를, 여자는 XX염색체를 가졌다. 여기서 Y염색체의 크기는 X염색체의 1/3이다. Y염색체가 작은 탓에 과거에는 잘 발견되지도 않았다. 염색체들이 처음 발견되던 시기, 여자는 XX염색체를 가지고 남자는 X염색체 하나만 가지는 것으로 보았다. Y염색체가 워낙 작아 옆에 있다는 사실조차 알아채지 못한 것이다.

　크기가 작다는 점보다 더 중요한 건 따로 있다. Y염색체에서 활동하는 유전자가 거의 없다는 사실이다. X염색체에는 약 1,100개의 유전자가 있다. 이 유전자들이 활동하며 인간의 몸을 조정한다. 그런데 Y염색체에는 활동하는 유전자가 40개 정도밖에 없다. 다른 염색체들에 비해서 거의 기능이 없다고 봐도 무방하다. 거칠게 말해서 '죽은' 염색체이다. Y염색체가 남자, 수컷의 상징이라고 해서 성 유전자가 Y염색체에 있는 것도 아니다. 성을 결정하는 염색체는 XY염색체 중에서 X염색체에 있다. 이런 사실은 무엇을 의미하는가? 여자는 인간 신체에 영향을 미치는 유전자를 2개, 남자는 1개 가졌다는 뜻이다. X염색체에는 1,100개의 유전자가 활동한다. 여자의 신체에서는, 만약 한 유전자가 고장이 나거나 이상이 생겨도 다른 염색체에 있는 유전자가 언제든지 대체할 수 있다. 즉 여자의 염색체는 자동차 타이어가 고장날 때를 대비한 여분의 타이어가 있는 것과 같다. 이와 달리 남자는 X염색체가 하나밖에 없고, 어떤 유전자가 망가진다 하더라도 대체할 유전자가 없다. 그 하나의 유전자가 망가지면 그것으로 끝이다. 몸에 이상이 나타나고, 질환이 발생한다. 여분의 타이어를 가지고 있지 않을 때 타이어가 펑크 나는 것과 같다.

유전자가 망가질 확률은 두 성별이 같다. 하지만 여분의 타이어가 있느냐 없느냐, 여분의 유전자가 있느냐 없느냐는 엄청난 차이를 발생시킨다. 남자는 여자보다 훨씬 더 허약할 수밖에 없다. X염색체 이상과 관련된 지적장애는 주로 남성에게서 나타나고, 자폐증 환아도 대부분 남자아이다. 남자의 자폐증 발병률은 여자의 발병률보다 4배 이상 높다. 정신장애나 행동장애도 남자에게서 더 많이 발생하는데, 남자의 행동 장애는 여자보다 2배 이상이다. 주요 사망 질병 중 하나인 심혈관 질환도 남자가 더 많이 걸린다. 한국에서 심장마비 사망자를 성별로 비교하면 남자 대 여자의 비율이 6 대 4이다. 여자는 70세가 되어도 젊은 시절의 심장능력을 유지하지만 남자는 노화할수록 심장능력이 떨어진다. 남자들의 심혈관 질환이 더 많은 이유이다. 몸의 면역력도 여자가 더 뛰어나다. 전염병에 걸려서 사망할 확률은 남성이 여성보다 2배 이상 높다. 기생충에 감염되어 사망할 확률도 남성이 여성보다 더 높다. 현대인의 중요한 사망 질환 중 하나는 암인데, 암이 발생하는 연령대는 여자가 남자보다 더 높다. 즉 남자는 여자보다 이른 나이에 암에 걸린다.

남성 염색체는 남성호르몬인 테스토스테론을 활성화하여 남자를 위험에 빠뜨리기도 한다. 테스토스테론은 공격성, 충동성에 영향을 미친다. 즉 테스토스테론은 더 공격적인 행동,

더 위험한 행동을 하도록 부추긴다. 테스토스테론이 높을수록 위험한 일을 자처한다. 사고 위험도가 증가하고 실제 사고로 이어진다. 실례로, 오토바이 사망자는 대부분 젊은 남성이다. 그들 나이대에는 테스토스테론 수치가 인생을 통틀어 가장 높다. 무엇보다 테스토스테론은 몸의 면역 체계를 떨어트린다. 테스토스테론이 많으면 많을수록 몸의 면역성은 떨어진다. 테스토스테론이 높으면 사회적 지위를 추구하고 더 열심히 노력한다. 공격적으로 두각을 나타내려 한다. 그런데 몸의 면역성은 하락한다. 이와 달리 여성호르몬인 에스트로겐은 면역력을 강화한다. 이기적 유전자 이론에서 보았을 때, 여성은 출산과 양육을 맡아야 하기에 병에 걸리면 안 된다. 아기를 낳고 기를 때 에스트로겐이 가장 많이 분비된다. 이때는 에스트로겐을 분비하여 면역력을 강화한다.

남성의 XY염색체는 구조적으로 여성의 XX염색체보다 허약하다. 여자는 여분의 타이어가 있는 자동차이고 남자는 여분의 타이어가 없는 자동차이다. 게다가 남성호르몬인 테스토스테론은 남자에게 위험한 행동을 부추기고 면역력까지 약화한다. 여자의 몸이 남자의 몸보다 강하다. 남자의 신체는 상대적으로 나약하다.

# 여자는 남자보다 더 오래 산다

2021년 기준 한국인의 평균 기대수명은 83.3살이다. 남자는 80.3살이고, 여자는 86.3살이다. 여자로 태어나면 남자보다 6년 정도 오래 산다. 이런 현상은 다른 나라에서도 비슷하게 나타난다. 일본 남성의 평균 기대수명은 81.4살이고 일본 여성의 평균 기대수명은 87.5살이다. 미국 남성의 평균 기대수명은 76.3살이고 미국 여성의 평균 기대수명은 81.4살이다. 전 세계 모든 나라에서 여자의 평균 기대수명이 남자의 평균 기대수명보다 길다. 1960년대 기록을 살펴봐도 수치만 다를 뿐, 항상 여자가 더 오래 살았다. 당시 한국 남성의 평균 기대수명은 50.9살이고 여성의 평균 기대수명은 59.0살이었다. 어떤 통계 자료를 살펴봐도 항상 여자가 남자보다 더 오래 산다.

여자가 남자보다 더 오래 사는 이유가 무엇일까? 일반적으로, "남자가 여자보다 위험한 행동을 자주 한다."라고 추측하곤 했다. 높은 산을 등반한다든가, 자동차 경주를 한다든가, 오지를 탐험한다든가…. 여성도 목숨을 건 도박을 하기야 하겠으나 비율상의 격차가 남다르다. 위험한 일을 많이 하니 도중에 사고로 죽는 경우도 더 많다. 진화론에서는 이런 현상을 두고, "남자가 여자에게 매력을 뽐내기 위해서."라는 식으로 설명한다. 남자는 여자 앞에서 무언가 내세울 게 있어야 선택을 받을 수 있다. 여자가 남자를 보고 '멋있다, 잘한다, 강한다' 같은 감정을 느껴야 한다. 그러니 특별한 일, 위험한 일을 감수한다는 것이다. 여성은 (남성을 택하는 입장일 때) 일단 남성의 명성이나 지위 등을 민감하게 고려한다. 남자가 명성이나 지위를 얻기 위해서는 다른 사람과는 구별되는 특별한 것이 있어야 한다. 물론 어떤 남성이든 "히말라야를 등산해서 여자들에게 인기를 얻어야지. 여자들의 선택을 받고 말 테다." 같은 생각으로 히말라야 등산을 결정하진 않는다. 의식적으로는 그렇게 생각하지 않는다. 그렇지만 그 생각을 움직이는 DNA 유전자는 이성에게 잘 보이라며 특별한 행동을 부추긴다. DNA는 여자들에게 어필하라고, 그러니까 히말라야를 오르라고 부추기겠으나 의식은 "자아실현을 위해서"라고 생각한다. 이것이 진화론적 해석이다.

그런데 이런 행동차이 때문이 아니라 원래부터 여자가 더 오래 살도록 태어났다면? 인간뿐만이 아니라 모든 동물은 암컷이 수컷보다 오래 산다. 암컷의 상대적 장수는 염색체 구조가 선천적으로 결정한 결과인 셈이다. 2020년 3월 호주 뉴사우스웨일스대학의 조 시로코스타스Zoe Xirocostas 박사 연구팀은 암컷과 수컷의 수명 차이를 다룬 연구 논문을 발표했다. 전 세계 229개 동물 종의 수명을 암컷과 수컷으로 분류

하여 조사하고 비교했다. 전체 평균값을 보니 암컷의 수명이 수컷의 수명보다 17.6% 더 길었다. 몇 퍼센트 정도 차이라면 실제로는 차이가 없다고 볼 수 있다. 통계적으로 오차가 있었다고도 할 수 있다. 그런데 229개 종을 조사했는데 17.6%의 차이를 발견했다. 어떻게 보더라도 유의미한 결과였다. 암컷이 유전자로 인해 수컷보다 오래 산다는 것이다.[*]

종에 따라 결과가 달랐다. 예를 들어, 바퀴벌레는 암컷의 수명이 수컷의 수명보다 70% 길었다. 어떤 수컷이 10개월을 산다면 암컷은 17개월을 살았다는 뜻이다. 포유류는 암컷의 수명이 수컷보다 20% 정도 더 길었다. 조류는 암컷의 수명이 7% 정도 더 길었다. 수치의 차이는 있어도, 암컷이 수컷보다 장수한다는 사실은 변하지 않았다. 진화론적 설명에 부합하려면 수컷이 암컷을 선택하는 경우에는 수컷이 암컷보다 오래 살아야 한다. 실제로 나비를 관찰하면 수컷이 암컷을 선택하는 사례를 볼 수 있고, 암컷이 수컷보다 화려한 모습을 한다. 하지만 이런 사례에서도 암컷이 더 오래 산다. 수치의 차이는 덜하다 하더라도 암컷이 오래 산다는 사실 자체가 변하진 않는다.

[*] Xirocostas, Zoe, Everingham, Susan and Moles, Angela. (2020). *The sex with the reduced sex chromosome dies earlier: a comparison across the tree of life.* Biology letters. 16(3).

이런 수명차이가 발생한 근본적인 원인은 무엇일까? 뉴사우스웨일스대학 연구팀이 제시한 대답은 '염색체 크기의 차이'이다. 암컷은 XX염색체를 가졌고, 수컷은 XY염색체를 가졌다. 그런데 Y염색체는 X염색체보다 짧다. 염색체는 시간이 지나면 닳는다. 염색체 끝자락은 시간이 흐르면서 망가진다. 일정 수준 이상 망가지면 염색체로서의 기능을 하기 어려워지고, 생물의 기능도 제대로 작동하지 않는다. 현재는 '노화'도 이 염색체가 망가지면서 나타난 현상으로 이해한다. 염색체가 점점 망가지면서 노화가 진행되는 것이다.

Y염색체는 X염색체보다 짧다. 이것은 Y염색체가 X염색체보다 훨씬 빨리 닳아 없어진다는 점을 의미한다. X염색체는 계속 기능하는데, Y염색체는 기능을 멈춘다. 암컷들은 Y염색체가 없지만 수컷은 Y염색체를 가졌다. 그리고 Y염색체는 X염색체보다 기능이 더 빨리 멈춘다. Y염색체를 가진 수컷은 암컷보다 더 짧게 살 수밖에 없다. 수컷은 암컷보다 짧게 살아갈 운명을 타고난다. 아무리 수컷이 번식 경쟁에서 벗어나 안전을 추구한다고 하더라도, 평균적으로는 암컷보다 오래 살기 힘들다. 수컷과 암컷의 평균 기대수명은 염색체 크기가 결정한 미래이다.

# 신체가 다르다

남자와 여자의 몸은 다르다. 보통은 생식기나 가슴 등의 일부만 다른 줄 알지만 실상 그렇지 않다. 2015년에 생리대 브랜드 '위스퍼'의 유튜브 채널에서, [#여자답게 위스퍼(#LikeAGirl Whisper Always)]라는 영상을 게시했다. 페미니즘 캠페인 '올웨이즈Always' 실험 영상이다. 실험에서, 어린이들에게 '여자처럼' 뛰어보라고 요구했다. 이때 남자아이가 뛰는 모습과 여자아이가 뛰는 모습에 별 차이가 없었다. 팔을 앞뒤로 움직이며 빠르게 달린다. 그런데 성인들에게 '여자처럼' 뛰어보라고 요구하니, 팔을 흐느적거리거나 하늘거리며 뛰었다. 해당 영상은, 성별 차이는 관습과 이미지에서 파생된 결과임을 주장한다. '여자의 달리기 자세' 같은 건 없다는 것이다. 나이가 들면서 '여자가 뛰는 모습'이라는 이미지를 학습하고, 그러면서 고정관념이 생긴다는 걸 말하고자 했다.

그런데 성인 여성은 신체 구조상의 이유로 팔을 앞뒤로 흔들지 않고 옆으로 흔들며 뛰기도 한다. 여자의 몸 자체가 팔을 앞뒤로 움직이는 것이 상대적으로 어렵다. 이른바 '여성의 달리기 자세'라는 게 신체 구조로 인한 결과일 수도 있다. 남성의 팔은 수직으로, 아래로 뻗는다. 남성은 성장하면서 팔이 길어지는데, 팔은 아래로 길어진다. 그런데 여성의 팔은 아니다. 여성은 성장하면서 골반이 커지는데, 어깨는 그리 넓어지지 않는다. 어깨가 넓지 않은 상태에서 골반이 커진다면, 팔이 길어질수록 팔이 골반에 닿게 된다. 골반이 커질수록 팔은 골반과의 충돌, 마찰을 피하고자 바깥쪽으로 향한다. 결국 성인 여성의 팔은 수직으로, 아래로 향하지 않는다. 골반을 피해 조금 옆으로 향한다.

여성은 팔이 휘어진 상태에서 뛰다 보니, 앞뒤로 흔들다 보면 상대적으로 공기 저항을 심하게 받고 무게중심도 자주 요동친다. 이런 신체조건을 고려하면 여성과 남성의 달리기 시합이 구별되어야 한다는 걸 알 수 있다. 물론 여성 달리기 선수들은 보통 남성보다 훨씬 빠르다. 그런데 여성 선수의 신체는 선수가 아닌 여성의 신체와는 조금 다르다. 골반이 작거나 어깨가 넓다. 그래서 팔이 옆으로 휘지 않고 수직으로, 아래로 향한다. 여성 선수는 이런 신체조건이 있으니 달리기 시합에서 두각을 드러낼 수 있다.

팔 모양의 차이는 여자가 남자보다 힘에서 밀리는 중요한 원인이다. 남자는 물체를 들 때 팔이 수직으로, 위로 향한다. 그러면 더욱 무거운 무게를 감당할 수 있다. 하지만 여자는 물체를 들 때 팔이 수직이 아니라서 버티기가 힘들다. 근력은 같을지언정 버티는 힘이 떨어질 수밖에 없다. 또 다른 차이로는 배꼽과 허리선이 있다. 남성은 벨트를 매면, 보통은 벨트가 배꼽에 위치한다. 이와 달리 여성은 배꼽과 허리선이 다르다. 주로 허리선 아래에 배꼽이 있다. 상대적으로 허리선이 위에 있는 탓에, 내장들이 배꼽 부근이나 배꼽 아래로 흩어진 정도가 남자보다 크다. 이러한 내장의 위치 때문에, 여성은 남성보다 아랫배가 더 나올 수밖에 없다. 지방이 하나도 없다 하더라도 내장으로 인해 아랫배가 조금은 나오게 된다.

무엇보다, 남자와 여자는 무게중심이 다르다. 남자의 무게중심은 가슴에 있다. 가슴 부근이 무거우니 남자는 주로 앞으로 쓰러진다. 영화에서는 남자가 총을 맞으면 뒤로 넘어지지만 실제로는 앞으로 쓰러진다. 이와 달리 여자의 무게중심은 엉덩이에 있다. 정신을 잃고 혼절한다면 주저앉는다. 그래서 여자가 운동 경기에서 불리하다. 남자보다 무게중심이 아래에 있기에, 남자보다 더 높게 점프하기가 어렵다. 체조, 공중제비, 피겨스케이팅의 점프 등도 그렇다. 여성 피겨스케이팅 선수는 3바퀴 반만 돌아도 엄청난 선수로 인정받지만 남자 선수는 기본 4바퀴를 회전한다. 3바퀴 반 이상의 회전을 선보이는 여성 선수가 간혹 있으나 주로 나이가 어린 쪽에 속하였다. 성장할수록 골반이 커지고, 이러한 신체 구조상의 특징 때문에 고난도 점프-회전 기술이 어려워진다.

남자와 여자의 몸은 이외에도 많은 지점에서 다르다. 눈으로 보기에는 사소한 차이일지 몰라도, 실제 생활에서는 수많은 차이를 만든다. 둘의 몸을 무작정 같다고 여겨서는 곤란하다.

## 여자가 남자보다 더 빨리 달리게 될 것이다

필자는 남중, 남고를 다녔다. 중학교는 공학이긴 했으나 성별로 분반을 했다. 남자반이 16개, 여자반이 4개였다. 실질적으로는 남학교를 다닌 셈이다. 형제도 남자뿐이라 남자와 여자의 차이를 실감한 적이 없었다.

둘의 신체능력이 완전히 다르다는 걸 체감한 시기는 고등학교 재학 시절이었다. 당시 남고에는 농구부가 있었는데, 어느 날 여자 농구 국가대표 선수들이 농구부에 방문했다. 농구부 선수들과 연습시합을 한다고 했다. 필자는 여자 국가대표 선수가 이길 줄 알았으나 고교 농구부 학생들이 압도적인 점수 차이로 승리했다. 점수와 무관한, 전술 시험을 위한 시합이라 이런 결과가 나온 것도 아니었다. 이 사건을 지켜보며 두 성별의 신체능력에 차이가 있다고 느꼈다.

현재는 두 성별의 신체능력이 다르다는 사실이 퍼져있다. 그런데 한때는 여성이 남성보다 신체능력이 더 뛰어나게 될 것이라 추정한 적도 있었다. 20세기 들어 올림픽, 세계선수권 대회 등에서 성적을 기록하기 시작했다. 남자 선수의 기록과 여자 선수의 기록을 비교하니, 남자 선수의 기록이 더 좋았다. 그런데 몇십 년 동안 양 성별의 기록 추세를 검토하자, 여자 선수의 기록이 더 빨리 상향되었다. 1980년대까지 100m 달리기 기록의 남자 추세와 여자 추세를 비교해 보자.

1912년 남자 100m 달리기 세계 기록은 10.6초였다가 1960년 10초가 된다. 여자 100m 달리기 기록은 1922년 12.8초였다가 1960년에는 11.3초까지 줄었다. 약 50년 동안 남자 선수 기록은 0.6초 빨라졌지만, 여자 선수 기록은 같은 기간에 1.5초가 빨라졌다. 여자가 남자보다 훨씬 더 빨리 신체능력이 강화된다고 파악했다. 과거, 남자가 여자보다 신체능력이 뛰어난 이유는 여성에게 신체능력을 강화할 기회가 없었기 때문이었다. 운동의 여부가 중요한 거지, 천성적인 격차가 중요한 건 아니었다. 여자가 운동을 시작하니 여자의 신체능력이 좋아지기 시작한다.

그런데 표4를 보면, 여자 선수의 기록이 향상되는 속도가 남자 선수보다 빠르다. 둘의 신체능력 격차의 간격이 점차 줄어드는 것이다. 이 추세가 계속되면 머지않아 여성의 달리기 능력이 남성을 추월할 거라 예상했다. 2000년이 넘으면 분명 여자들이 남자들의 기록을 추월할 것이다. 여자들이 남자보다 더 빨리 달리는 시대, 여자가 남자보다 더 신체적 능력이 뛰어난 시대가 도래한다. 그러나 불행하게도, 실제 100m 달리기 기록의 추세는 아래와 같다.

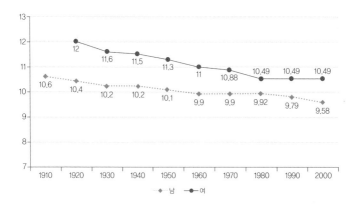

**표4** **남자와 여자의 100m 달리기 기록 변화 비교**

남자 100m 달리기 기록은 1900년대 초부터 2000년대까지, 아주 조금씩이지만 계속 향상된다. 그런데 여자 100m 달리기 기록은 처음에는 크게 향상되었는데, 어느 수준이 되면서부터는 향상되지 않았다. 특히 1988년 10.49초를 기록한 후 34년이 지난 2021년까지 여자 100m 달리기 기록은 깨지지 않았다. 이런 추세는 100m 달리기 기록만이 아니라 다른 기록경기에서도 마찬가지로 나타난다. 처음에는 여자 선수의 신체능력이 크게 향상되는데, 어느 정도 향상된 이후에는 증가폭이 감소했다. 그리고 남자 선수의 신체능력을 따라잡지 못했다.

## 혼성 경기는 공정하지 않다

2021년 10월 31일, 폴란드에서 이색적인 종합격투기 경기가 열렸다. 남자와 여자의 대결이었다. 같은 링에서, 남자 선수 1명과 여자 선수 1명이 대등하게 싸웠다. 이런 혼성 경기로 두 번의 시합이 이루어졌다. 이 시합은 마이너 경기였음에도 혼성 대결이라는 특징 덕분에 많은 관심을 받았다. 그 경기에서 여자 선수는 오랫동안 꾸준히 운동을 했고, 팔씨름 선수이자 피트니스 강사였다. 남자 선수도 운동을 하긴 했으나 격투기 프로선수는 아니었다. 겉으로 보이는 체격은 남자나 여자나 큰 차이 없었다. 이 경기는 체급 경기였고, 비슷한 몸무게, 체격을 갖춘 사람들끼리 시합을 했다.

시합 과정을 살피면, 경기 시작 전에는 여자 선수의 기세가 더 좋았다. 남자 선수를 이길 수 있다고 예상한 듯하다. 하지만 시합이 시작되자 곧바로 승패가 결정됐다. 남자 선수는 자신에게 달려든 여자 선수를 넘어트렸고, 상대 얼굴에 주먹을 난타했다. 난타가 10초 이상 이어지자 심판은 남자 선수의 승리를 선언했다. 남자 선수가 몸 위에 올라타 주먹을 연타하자 여자 선수는 어떠한 방어도 하지 못하였다. 심판은 여자 선수의 몸에 엄청난 상처가 생기면서 죽거나 실신할 거라 여긴 듯했다. 다음 경기에서도 여자 선수는 남자 선수에게 KO 패배를 당했다.

경기 후 논쟁이 벌어졌다. 남자 선수와 여자 선수가 같은 경기 링에 서는 것이 과연 정당했는가? 공정한 경기였는가? 여자 선수를 그런 식으로 잔인하게 때려야 했는지를 비판한 여론도 있었고, 같은 링에 선 이상 상대를 제압하기 위해 최선을 다하는 것은 정당하다는 반론도 잇따랐다. 시합 자체의 부당함을 지적한 사람들도 있었다. 남자 선수와 여자 선수가 같은 링에 올라서 싸우는 것은 과연 정당했을까?

스포츠에서 남자 선수와 여자 선수가 동등하게 다투면 누가 승리하는가? 남성이 여성보다 신체능력이 좋다곤 하여도 체급 경기에서는 같은 체급끼리 시합한다. 같은 체급이라면 성별이 달라도 괜찮지 않을까? 체급이 같으면 경기력도 비슷할 거라 여길 수 있으나 실상은 그렇지 않다. 몸의 크기는 같더라도 체력, 힘 측면에서 다르다. 필자도 과거에는 덩치가 비슷하면, 평소에 꾸준히 몸을 단련한 여성이라면 충분히 남성을 이길 거라 예측했다. 주위의 여성 운동선수, PT 트레이너들에게 몇 번이고 되물었다. 체육학과를 졸업하고 지속적으로 신체를 단련한 여성이라면, 운동을 멀리하고 신체단련을 포기한 남성을 육체 싸움으로 이길 수 있지 않을까? 그런데 당사자들은 하나같이 "이기기 힘들다. 어렵다."라고 답하였다. 한국 태권도 국가대표로 출전했던 적이 있는 선수 출신 여성 또한 "이길 수는 있으나 힘들다."라고 답하였다.

힘이 중요하지 않은 시합에서는 어떨까? 두 성별이 함께 즐기면서 힘의 여부가 그다지 중요하지 않은 스포츠로는 골프가 있다. 골프는 방향 감각, 거리조절능력 등이 중요하다. 다만 공을 얼마나 멀리 보낼 수 있는지도 중요한 요소인 지라 골프 시합에서는 남자가 공을 치는 장소와 여자가 공을 치는 장소를 구별한다. 여자는 남자보다 더 가까운 곳에서 공을 칠 수 있도록 조치한다. 힘의 차이가 성적의 차이로 이어지지 않도록 한 것이다. 이렇게 힘의 차이를 배제하면, 남자와 여자의 골프 실력이 동등해질 수 있을까?

골프 경기가 끝나면 참가자들은 골프점수 데이터베이스에 자기 성적을 등록할 수 있다. 의무는 아니다. 자신의 성적이 괜찮을 때 혹은 자신의 성적을 꾸준히 관리하려고 할 때 등록한다. 2020년에 1년 동안 전국 468개 골프장에서 756만 개의 골프점수가 기록되었다. 그 기록을 성별로 구분하면, 남자의 평균 점수는 90타이고, 여자의 평균 점수는 93.4타이다. 남자가 골프공을 90번을 칠 때, 여자는 93.4번을 쳤다는 뜻이다. 골프에서는 이 점수가 낮을수록 더 잘쳤다고 평가한다. 성별 간 거리 차이를 조정하여 경기하게 했지만, 그래도 남자가 평균 3.4타만큼 점수가 더 좋았다.

물론 자기가 직접 등록하는 점수 기록을 완전히 신뢰하기는 어렵다. 하지만 그런 조건은 성별에 상관없이 똑같이 적용된다. 그리고 높은 수준의 골프 선수는 이러한 자의적인 조정을 하지 않고, 정직하게 점수를 계산한다. 그런데도 이런 점수 차이가 모든 수준에서 비슷하게 나타난다. 무엇보다 750만 개가 넘는 빅데이터 분석으로 도출한 결과이다. 이 정도 자료를 대상으로 하면, 자료 자체에 오류가 좀 있다 하더라도 전체적인 추세를 무리없이 추측할 수 있다. 즉 남자와 여자는 힘 이외의 신체능력에서도 차이가 있다.

골프에서는 방향 감각, 거리조절능력이 중요하다. 사소한 각도와 간격을 제대로 구분해야 좋은 기록을 얻는다. 먼 옛날에 사냥을 할 때, 창과 화살로 맞춰야 할 짐승이 얼마나 멀리 있는지를 가늠할 줄 아는 것과 마찬가지인 셈이다. 사실 스포츠는 과거 사냥에 필요한 능력을 현대의 방식으로 되살린 분야이다. 스포츠에서 필요한 신체능력은 던지기, 표적물 맞히기, 때리기, 제압하기, 달리기, 수영하기, 넣기 등이다. 이들은 모두 사냥에 필요한 능력이다. 따라서 남자 선수가 여자 선수보다 스포츠를 잘 하는 게 이상할 일은 아니다. 이런

**69**

부분을 고려한다면 폴란드 종합격투기 시합 사례처럼, 남자와 여자를 같은 경기장에 세우는 건 공정하다고 평가하기 어렵다.

제**2**장

# 다름의 형성

🌿 서로 다른 진화의 과정 🌿

## 수컷 사자 신화의 진실

사자는 동물의 왕으로 일컬어진다. 실제 사자의 생활을 지켜보면 정말 '왕'이라 부를 만하다. 사자는 매일매일 사냥을 다니지 않는다. 일주일에 한 번 정도 사냥을 나설 뿐이고 나머지 시간은 그저 빈둥거린다. 호랑이도 일주일에 한 번 정도 사냥을 하지만 호랑이는 사냥을 나설 때 먹잇감을 찾기 위해 몇십km, 몇백km를 돌아다녀야 한다. 호랑이가 사는 숲에서 먹이를 찾기가 힘들다. 그러나 사자는 먹잇감이 수도 없이 많은 아프리카 초원에 산다. 먹이를 찾기 위해 호랑이처럼 헤맬 필요가 없다. 정말로 일주일에 한 번, 배가 고플 때만 일하러 움직인다.

특히 수컷은 이런 '사냥'조차 하지 않는다. 암컷들이 사냥에 나선다. 수컷은 암컷들이 잡은 먹이를 그저 먹기만 한다.

사자 집단은 수사자 2~4마리와 암사자 5~6마리로 구성된다. 수사자는 자기보다 훨씬 많은 암컷과 마음대로 짝짓기를 한다. 굉장히 강하긴 하지만 일을 안 하고, 암컷들이 가져오는 음식을 먹기만 하며, 그러면서 다양한 암컷과 짝짓기한다. 수사자는 정말 왕처럼 군림하는 듯하다.

그런데 동물들을 관찰하는 기술이 점점 발달하며 새로운 사실을 목격했다. 이전에는 해가 떠오른 한나절 동안 연구자들이 사자들을 관찰하고 사자들의 행태를 파악했다. 이때 보니 수사자는 사자 집단 전체를 거느리면서 빈둥거렸다. 수사자는 '왕'이었다. 그런데 적외선 기술을 이용해 밤의 활동을, 위치추적기를 이용해 장기간의 활동을 관찰하며 새로 알게 된 것이 많았다. 그중 하나가 사자와 하이에나의 관계이다. 사자들이 새벽에 얼룩말 등을 먹는데, 하이에나 무리는 인근에서 사자의 식사를 지켜 보고 있다. 사자들이 배부르게 먹고 떠나면 하이에나들이 달려들어 남은 고기를 먹었다. 하이에나는 사자들의 청소부였다. 그런데 적외선 등으로 이들의 밤 생활을 관찰하다 보니 다른 모습도 알게 되었다. 원래는 하이에나가 사냥을 한다. 하이에나가 사냥을 성공하면, 주변에 있던 사자가 사냥한 먹잇감을 가로챈다. 하이에나는 자기가 잡은 고기임에도 사자가 먹고 남긴 것을 먹는다. 진정한 사냥꾼은 하이에나들이었고, 사자는 왕답지 않게 하이에나의 사냥감을 가로챘다.

수사자들의 행태를 관찰하면서 사자를 향한 연구자들의 인식이 크게 바뀌었다. 사자 무리에서 수컷 2~3마리가 우두머리 자리를 차지하고 있는 것처럼 보인다. 그렇지만 이 수사자 2~3마리가 언제부터 우두머리였고 언제까지 우두머리일까? 어린 수사자들은 무리 안에서 암컷들과 같이 지낸다. 그런데 좀 자라면 수컷들은 무리를 이탈한다. 이들은 떠돌이 생활을 한다. 이들은 새로운 암컷 집단을 찾아서 진입하려고 한다. 그런데 암컷 집단에는 이미 강한 수사자들이 있다. 이 수사자들을 이겨내야만 그 암사자 집단에 들어갈 수 있다. 수사자들은 2~3마리가 서로 힘을 합쳐 기존의 수사자들을 쫓아내야 암사자 집단을 차지할 수 있다. 기존의 수사자들은 추방당하지 않기 위해 결사적으로 방어한다. 기존 수사자들을 몰아내는 건 쉽지 않으니 떠돌이 수사자들은 계속해서 방랑한다.

어쩌다 기존 수사자를 쫓아내 암사자들을 지배하더라도, 평화는 결코 오래 이어지지 않는다. 계속해서 다른 수사자들이 공격해 온다. 보금자리를 찾지 못한 수사자들이 계속 공격하고, 어린 수사자들은 날이 갈수록 커지고 힘이 세진다. 길어야 몇 년 그 자리를 유지할 뿐이고, 결국 다른 수사자들에게 패배하며 무리에서 쫓겨난다. 수사자들은 잠깐 왕처럼 살 뿐, 생애 전반에 걸쳐 나그네처럼 방랑한다. 잠깐 왕처럼 사는 기간이 있으면 그나마 다행이다. 싸움에 이기지 못하면 평생 방랑만 한다.

과거에는 수사자들이 암사자들을 지배한다고 이해했다. 수사자들이 암사자들을 거느리니, 암사자들이 사냥으로 수사자들에게 음식을 바친다고 파악했다. 그런데 수사자와 암사자의 생활 양식은 다른 방식으로 해석할 여지가 있다. 원래 그 지역을 소유하고 관리하는 주체는 암사자들이다. 암사자들은 계속해서 그 자리에 있다. 수사자들이 찾아오면 같이 있게 한다. 하지만 그 수사자들을 좋아하고 존경해서는 아니다. 새로운 수사자들이 와서 기존 수사자들을 쫓아내면 새로운 수사자들이 있게 한다. 암사자들이 수사자들을 위해서 싸우는 사례는 극히 드물다. 암사자들 입장에서 수사자들은 '지나가는 손님'이다. 자기들에게 와서 임신을 시켜주고, 새로운 새끼를 얻는 데 도움을 주는 존재일 뿐이다. 암사자들은 수사자들이 먼저 먹이를 먹게 하는데, 이건 수사자들이 암사자를 지배해서가 아니라 암사자가 수사자를 손님으로 간주하기 때문이다. 보금자리의 주인은 암사자이지, 몇 년 왔다가 사라지는 수사자일 수는 없다.

수많은 암컷을 거느리는 바다코끼리도 마찬가지이다. 수컷 바다코끼리는 몇십 마리의 암컷을 독점한다. 이것만 보면 수컷 바다코끼리가 왕처럼 군림하는 듯이 보인다. 이런 생활을 평생 할 수 있으면 분명 왕이라 할 수 있다. 하지만 실제 수컷 바다코끼리가 왕처럼 지낼 수 있는 기간은 아무리 길어야 2~3년이다. 곧 다른 수컷 바다코끼리들의 도전을 받아 무리에서 추방된다. 무리에서 쫓겨난 수컷 바다코끼리는 다시 그 자리를 차지하기 위해 노력하긴 하지만 쉽지가 않다. 수컷 바다코끼리는 아주 운이 좋은 경우 보통은 1년, 길어야 2~3년만 암컷 무리를 거느린다. 나머지 인생은 혼자 초라하게 살다 죽는다.

겉으로 보기에 수컷은 멋있어 보인다. 많은 암컷을 거느리고 떵떵거리며 사는 것 같다. 특히 일부다처제로 살아가는 수컷을 보면 남부럽지 않은 삶을 산다. 하지만 실상은 그렇지도 않다. 암컷은 안정적으로 살아갈 수 있다. 그러나 수컷은 대체로 무리에 끼지 못하고 겉도는 삶을 산다. 암컷을 지배하는 것처럼 보이지만 실질적으로는 아니다. 높은 지위에 있는 듯이 보이지만 실상은 허상이다. 그 자리에 오를 수 있는 수컷도 극히 드물고, 설사 그런 지위를 차지했다 해도 오래가지 못한다. 그런 지위를 한때 차지했다 하더라도, "옛날에 그런 적이 있었지."라며 과거를 추억하면서 쓸쓸한 노년을 살아간다.

사실 인간도 비슷하다. 사회적 지위에 초점을 두면 남성이 여자를 지배하는 것처럼 보인다. 그런데 남자들의 지위, 계급 경쟁이란 남자들의 다툼, 놀이다. 어떻게든 여자들에게 매력을 자랑하고, 여자들에게 선택받기 위한 남자들의 게임이다. 동물계에서는 수컷이 그 지위를 유지하는 게 굉장히 어려운데, 인간들은 남자들이 그 지위를 유지하는 게 상대적으로 쉽다. 사회제도나 관습은, 원래는 짧아야 할 남자들의 지위를 오랫동안 유지하는 기능을 수행한다. 원래대로라면 금방 자기 지위를 잃게 될 남자들이, 자기 지위를 오래 유지하기 위해 여러 가지 제도나 관습을 구축했다.

위의 이야기를 보면, 사회적 지위를 형성해 서로 추켜세우고 경쟁하는 과정 자체가 원래 수컷, 남자들의 다툼임을 알 수 있다. 겉으로는 좋아 보이지만 생태계의 실체를 알면 그다지 좋다고만 말하기는 어렵다.

## 진화론과 성선택론

성별 차이를 이야기할 때 빠지지 않고 논의되는 주제 중 하나가 인류 문명이 발달하는 과정에서의 실적 차이다. 인간은 현대 사회를 형성하며 많은 발명, 발견, 탐험을 해왔다. 그런데 인류 문명의 발달에 직접적인 영향을 미친 업적은 거의 남자가 세웠다. 위대한 업적을 세운 인물 중에는 여성도 있겠지만 절대다수는 남성이었다. 여자가 남자보다 능력이나 잠재력이 떨어진다면 이런 현상이 이해될 수야 있으나 현재 연구 결과로는 성별에 따른 지능 차이, 능력 차이는 없다고 한다. 신체능력 측면에서 성별 차이가 있다곤 하여도, 현대인에게 중요한 '지성'에서는 성별 차이가 없다. 언어능력, 공간능력 등에 차이가 있다곤 하여도 실적 측면에서 압도적인 차이가 날 만큼 유의미하진 않다. 그리고 언어능력이 여자가 더 뛰어남에도 유명한 언어학자는 대체로 남자다. 언어를 활용해서 훌륭한 작품을 창작하는 문학계에서도 특별히 여성이 더 우세하지도 않다.

이전에는 성차별 때문에 여성의 사회활동이 어려워 이러한 실적 차이가 발생했다고 이해했다. 그런데 서구에서는 성차별 문제가 많이 개선되었다. 그러면 현재는 성별에 따라 업적이나 성과에 차이가 거의 없어져야 하는데, 여전히 격차가 해소되지 않는다. 과거처럼 남성이 절대적인 비중을 차지하는 건 아니라 하여도, 남성의 비중이 아직도 훨씬 크다.

진화론적 시각에서 이러한 현상이 나타난 이유 중 하나는, 남성은 자기 일에 몰두하는 경향이 더 강하기 때문이다.[*]

---

[*]  올리비에 포스텔 비네이, 이화숙 옮김, 《X 염색체의 복수》, 기린원, 2008.

청색 LED를 발명해서 'LED 세상'을 연 나카무라 슈지<sub>なかむ</sub> <sub>ら しゅうじ</sub>는 하루 15시간 이상, 휴일도 없이 몇 년을 내리 연구만 했다. 회사에서 나오지 말라고 해도 계속 자기 연구실에서 살았다. 모차르트는 38세에 죽을 때까지 600여 곡을 작곡했고, 피카소는 약 3만여 점의 조각품을 남겼다. 능력이 있고 없고를 떠나서 이런 양을 만들어 내기 위해서는 매일매일 일을 해야 한다. 그리고 위대한 업적은 이런 식으로 자기 일에 몰두하는 사람이 달성한다. 능력의 유무는 제쳐두고, 몰입할 줄 아는 사람이 훌륭한 업적을 내놓는다면, 남성들의 업적이 더 많을 수밖에 없다. 주변 일을 다 잊을 정도로 자기 일에만 몰두하는 외골수에는 남성의 수가 압도적으로 많다. 가령 현대 사회에서는 성별에 무관하게 게임을 하지만 24시간 내내 게임에 매달리는 사람은 대체로 남자다. 식음을 전폐하다시피 사회생활을 외면한 채 게임에 빠져 지내는 사람은 남성이 대다수다. 여성도 게임에 중독될 수 있으나 남성처럼 심하게 중독되는 사례가 상대적으로 적다.

그렇다면 왜 남자는 여자보다 무언가에 몰두하는 성향이 강할까? 이 물음은 진화론의 '성선택론'으로 해명할 수 있다. 진화론에서 가장 널리 알려진 이론은 '자연선택론'이지만 다윈은 성선택론도 주장했다. 다윈은 《종의 기원》에서 자연선택론을 이야기한 후 더는 그것을 연구하지 않았다. 다윈이 평생 연구한 주제는 성선택론이다. 성선택론은 남자와 여자가 서로 선택하는 과정에서 진화가 이루어졌다는 이론이다. 동물 세계에서는 주로 암컷이 수컷을 선택한다. 수컷은 암컷에게 선택받기 위해 암컷이 좋아하는 모습으로 변하고 암컷이 좋아하는 일을 한다. 다윈은 그런 과정에서 진화가 이루어진다고 보았다.

공작은 자기 몸에 비해 엄청나게 큰 장식 깃털을 가졌다. 자연선택론의 시각에서 볼 때는 말이 안 된다. 이렇게 큰 장식 깃털을 가지면 천적을 만났을 때 도망가기 힘들다. 천적의 눈에 잘 띄어서 잡아먹히기도 쉽다. 살아남기가 목적이라면 이런 장식 깃털을 하도록 진화될 리가 없다. 공작이 큰 장식 깃털을 가진 이유는 암컷에 선택되기 위해서이다. 암컷에 자랑하기 위해 자기 목숨을 위협하는 장식 깃털을 키운다. 살아남기보다 암컷에 간택되는 게 훨씬 중요하다. 수컷은 암컷에 잘 보이기 위해 이렇게 노력한다. 하지만 암컷은 선택하는 쪽이라 이런 노력을 할 필요가 없다. 그래서 공작은 수컷만 이런 장식 깃털을 가진다.

새와 곤충들은 수컷이 암컷을 찾기 위해 운다. 암컷은 수컷의 울음소리를 듣고 어떤 수컷과 짝짓기를 할지 선택한다. 자연에서 자기 위치를 천적에게 알려줄 수 있는 소리를 내는 것은 금기이다. 그런데 수컷 새·곤충·개구리 등은 잡아먹힐

**81**

위험을 감수하면서 암컷을 만나고자 소리를 낸다. 수컷은 목숨을 걸고 노력하는데, 암컷은 그런 수컷을 보면서 고르기만 한다. 수컷은 이쁜 장식을 하고 화려한 털을 다듬으며 노래를 잘하도록 진화한다. 그래야만 짝짓기를 할 수 있으니 사력을 다해 노력한다. 하지만 암컷은 그렇게까지 노력할 필요가 없다. 그런 노력을 하지 않아도 충분히 새끼를 낳고 잘살 수 있기 때문이다.

수컷은 암컷에 선택받기 위해 엄청나게 노력한다. 다윈은 그 노력을 진화의 원동력으로 간주하면서 '성선택론'을 제시했다. 다윈의 자연선택론이 많은 비판을 받았지만 성선택론은 더 큰 비난에 시달렸다. 성선택론은 기본적으로 암컷이 수컷을 선택한다는 이론이다. 남성 우위의 시대에서는 여자가 남자를 선택한다는 이론을 수용하지 못한 것이다. 19세기 과학 혁명의 시대에, 생물이 환경에 적응한다는 자연선택론적 진화론은 다윈이 달성한 위대한 업적으로 인정받았으나 성선택론은 결국 완전히 잊히고야 말았다.

다윈의 성선택론이 다시 대두된 시기는 1960년대 이후이다. 당시 서구에서 유행한 페미니즘 운동의 영향도 있긴 하겠지만, 그보다는 자연선택론으론 도무지 설명할 수 없는 현상들을 성선택론으로는 설명이 가능했기에 세간의 집중을 받았다. 수컷 사자만 화려한 갈기를 가지는 건 자연선택론으로는 설명이 안 된다. 환경 적응에 필요한 요소라면, 같은 환경에서 사는 얼룩말, 가젤 등도 화려한 갈기를 가져야 한다. 하지만 갈기는 수컷 사자만 가진다. 또 환경에 적응하기 위해서라면 수컷만 갈기가 있고 암컷은 갈기가 없는 것도 설명이 안 된다. 수컷 사자가 암컷에게 선택받기 위해 암컷 사자가 좋아하는 갈기를 길렀다고 설명하면 모든 게 납득된다. 생존에 큰 영향이 없는 요소에 수컷이 온 힘을 다하는 모습은 성선택론을 적용할 때에만 비로소 이해될 수 있다.

인간 남자들이 무언가에 이해할 수 없을 정도로 몰두하는 건 자연선택론으로 해석할 수 없다. 그렇게까지 하지 않아도 먹고살 수 있는데, 인생을 걸고 평생 열심히 할 필요는 없다. 하지만 여자들에게 잘 보이기 위해 끝없이 노력하는 '수컷 유전자'가 있다고 하면 남자의 그런 행동을 이해할 수 있다.

## 남자의 재력, 여자의 외모

성선택론을 잘 모르는 사람이더라도 "남자는 여자의 외모를, 여자는 남자의 재력을 중시한다."라는 말은 들어봤을 테다. 이 말은 성선택론을 주장한 학자들이 전 세계 인류를 대상으로 조사한 연구 결과에서 비롯됐다. 성선택론에서는 남자와 여자가 결혼할 때 중요하게 생각하는 것이 서로 다르다는 점을 강조한다. 남자와 여자가 서로에게 요구하는 조건이 다르다. 둘 다 아이를 낳고 기르는 데에 유리한 조건을 각자의 입장에서 상대방에게 요구한다. 그리고 이 조건은 우리의 무의식에 박혀 있다. 우리가 의도적으로 "저 남자는 가족을 잘 먹여 살릴 것이다, 저 여자는 아이를 잘 양육할 것이다."라고 생각하며 상대방을 고르는 건 아니다. 그런데 수많은 사람 중 하필이면 그 사람이어야 하는 이유가 무엇인지가 중차대한 문제다. 의식적으로 무엇을 고려했든, 우리는 무의식적으로 '좋은 자녀'를 생산하기를 욕망한다. 그 욕망에 따라 누구에게 끌리는지가 결정된다. "남자는 여자의 외모에, 여자는 남자의 재산에 끌린다."라는 문구가 바로 이러한 경향을 잘 설명한다.

다윈은 19세기에 성선택론을 제시했지만 이후 이 이론은 완전히 잊혔다가 1900년대 중후반에 부활했다. 성선택론이 타당성을 갖추기 위해서는 일단 짝짓기에서 두 성별이 서로 중시하는 조건이 다르다는 점을 증명해야 했다. 결혼 상대를 고를 때 상대방의 건강은 중요하다. 그런데 남자든 여자든 똑같이 상대의 건강을 중시한다면 이는 성선택론의 증거가 될 수 없다. 건강해야 오랫동안 같이 살면서 삶의 어려움을 헤쳐갈 수 있으니 이건 자연선택론적 관점에서 해석되어야 한다.

정말로 성별에 따라 결혼의 조건을 다르게 꼽을까? 이와 관련해 가장 유명한 실험은 1980년대 초에 수행된 데이비드 버스David Michael Buss의 연구이다. 데이비드 버스는 남녀가 서로 선택할 때 무엇을 중요하게 생각하는지를 연구했다. 일반적으로 결혼에 필요하다고 알려진 18가지 요소를 선택하고, 각각의 요소가 어느 정도 중요한지를 설문조사했다. 건강, 신뢰감, 외모, 경제적 상태, 정서, 야망, 사랑 등등 각 요소가 얼마나 중요한지를 점수로 매길 것을 응답자들에게 요구했다.

미국인들을 조사한 결과, 사랑과 건강 같은 것은 당연히 중요한 요소로 꼽혔다. 하지만 이건 성선택이 타당하다는 증거로 삼기 어렵다. 이런 것들은 남자와 여자 모두 중요하게 생각하고, 성별 간 점수 차가 크지 않았다. 성별 간 점수 차이가 큰 요소는 '외모'와 '재산'이었다. 남자는 여자의 외모에 높은 점수를 주었다. 여자도 남자의 외모를 중시하긴 했어도 남자가 요구하는 수치만큼은 아니었다. 오히려 여자는 남자의 재산 상태에 높은 점수를 주었다. 이와 달리 남자는 여자의 재산 상태에 큰 관심이 없었다. 재산 영역에서, 여자는 남자보다 2배나 높은 점수를 부여했다. 미국인은 결혼 상대방을 택할 때, 남자는 여자의 외모를 중시하고 여자는 남자의 재산 상태를 중요하게 생각한다는 결론을 얻은 것이다. 데이비드 버스는 그간 막연하게 '그럴 것'이라 추측한 결과를, 단순한 인식이 아니라 과학적인 진실로 증명한 것이다.

하지만 이 결과만을 가지고 남자와 여자가 다르다고 할 순 없다. 이건 어디까지나 '미국'에서 조사된 결과일 뿐이었다. 다른 나라는 그렇지 않을 수도 있다. 사람이 원래 그렇다는 말을 하려면, 미국인만이 아니라 다른 나라 사람도 그렇다는 결과가 필요했다. 원래 인간이 그런 것인지, 아니면 문화와 관습과 지역에 따라 결과가 달라지는지를 알기 위해서는 전 세계를 대상으로 조사해야 했다. 이에 데이비드 버스는 연구 대상을 전 세계 인류로 확대한다. 다른 학자들의 도움을 받아 6개 대륙, 5개 섬, 37개 문화권을 대상으로 똑같은 설문조사를 시행했다. 미국인을 조사했던 설문지를 해당 국가의 언어로 번역하고, 그 설문지를 해당 국민에게 물어보는 방식으로 진행했다. 1984년부터 5년 이상 연구가 진행되었고, 전 세계에서 1만 명 이상의 설문조사 결과를 수집했다.

응답 결과는 문화권마다 조금씩 차이가 있었다. 문화권마다 선호하는 요소가 다르다는 증거였다. 그런데 모든 문화권에서 응답 정도가 비슷한 요소도 있었다. 남자가 여자보다 외모를 더 중시하는 경향, 여자가 남자보다 재산 상황을 더 중시하는 경향은 조사 지역 및 문화권과 무관하게 비슷했다. 국가마다 세밀하게 다르긴 하였다. 일본에서는 재산을 중시하는 경향이 더 강했다. 여자가 남자의 재산 상황을 중시하는 정도가 남자보다 150% 강했다. 네덜란드에서는 여자가 재산을 중시하는 수치가 남자보다 약 36% 높았다. 그렇지만 통계적으로 여자가 남자보다 재산에 민감하다는 사실 자체는 똑같았다. 전 세계 평균적으로는 여자가 남자보다 2배, 100% 더 재산을 중시했다.

전 세계 모든 문화, 국가에서 "남자는 결혼 상대자의 외모, 여자는 재산을 중시한다."라는 연구 결과가 도출됐다. 그렇다면 이는 성별 간의 본질적인 차이로 보아도 된다.

외모, 재산 외에도 성별 차이가 있는 부분이 더 있다. 여자는 남자의 사회적 지위에 더욱 민감하게 반응했다. 남자의 사회적 지위는 여성이 결혼 상대로 고려할 때 영향을 끼친다. 나이에서도 성별 차이가 있다. 여자는 연상을 선호했다. 1~2살 많은 것을 선호하는 경우도 있고 6~7살 이상 많은 것을 선호하는 경우도 있다. 평균적으로는 3.5살 정도 나이가 많은 남자를 선호했다. 이와 달리 남자는 자기보다 나이가 어린 여자를 선호했다. 외모, 재산, 사회적 지위, 나이 등이 결혼 상대방을 선택할 때 가장 중요한 요소라는 말은 아니다. 성별에 상관없이 사랑, 상대방을 위한 힌신은 가장 중요하게 생각하는 요소였다. 그러나 외모, 재산, 사회적 지위, 나이 등은 성별 간에 차이가 분명하게 존재했다.

이 연구는 성선택론, 성별 차이 연구에 획기적인 영향을 미친다. 성별 간 인식 차이를 다룬, 처음이라 불러도 손색없을 인류학적 연구라고 볼 수 있었다. 이전에도 성별 간 인식 차이를 다룬 연구가 있기는 했다. 하지만 그 연구들은 그 나라, 그 문화에서는 적정한 결과일지언정 전 세계에 통용된 결과를 도출하진 못했다. 보편적인 성별 차이를 이야기하기 위해서는 전 세계 인류를 대상으로 이야기해야 한다. 이 연구는 그 조건을 만족한 최초의 연구라 할 수 있다. 이 명제를 증명하기 위해서 쓰인 돈은, 현재 가치로 최소 몇억 원이 넘을 것으로 추정한다. "남자는 여자의 외모를, 여자는 남자의 재산을 중시한다."라는 말이 나오게 된 과정을 알게 되면, 이 말의 무게가 다르게 느껴질 것이다.

## 인간의 쌍방선택론

자연계에서 암컷과 수컷은 생김새가 다르고 행태가 다르다. 대다수 차이가 성선택론으로 해석된다. 암컷이 수컷을 고른다는 이론으로 바라보면, 수컷이 암컷보다 훨씬 더 화려하게 꾸미고 훨씬 더 많이 울며 보금자리를 만들기 위해서 훨씬 더 노력하는 현상을 이해할 수 있다. 인간 세계에서도 이를 통해 많은 현상을 설명할 수 있다. 그런데 다른 동물의 행동과는 달리 인간 행동에는 여전히 이해하기 어려운 측면들이 있다.

일단 인간도 남자와 여자가 서로 외면적으로 다르긴 한데, 그 외면이 크게 다르지는 않다. 남자가 여자보다 몸집이 크기는 한데, 월등히 큰 것은 아니다. 남자와 여자의 외모가 다르긴 한데, 사자의 갈기나 사슴의 뿔처럼 확실히 구분되는 상징이 있는 것은 아니다. 무엇보다 인간 사회에서는 여자들도 자기가 좋아하는 남자, 맘에 드는 남자와 사귀고 결혼하기 위해 많이 노력한다. 암컷이 수컷을 선택하는 동물 세계에서는 암컷이 수컷의 마음에 들기 위해 특별한 행동을 취하진 않는다. 그냥 수컷이 자기에게 다가왔을 때, 받아들일지 거부할지만 고를 뿐이다. 여러 수컷 개구리가 울어댈 때, 마음에 드는 수컷 개구리를 고르기만 할 뿐이다. 수컷을 간택하는 과정에서 암컷은 특별한 노력을 기울이지 않는다. 하지만 사람, 인간 세계는 그렇지 않다. 여자들은 남자들이 자기를 좋아한다고 고백하는 순간을 마냥 기다리진 않는다. 여자들도 남자를 얻기 위해 애쓴다.

몇몇 동물 사회에서 벌어지는 이런 현상을 분석하기 위해 제시된 이론이 '쌍방선택론'이다. 성선택론은 기본적으로 암컷이 수컷을 선택한다고 한다. 그런데 쌍방선택론에서는 암컷과 수컷이 서로를 선택한다. 쌍방선택론이라고 하지만 암컷과 수컷이 똑같이 5:5로 선택권을 행사하진 않는다. 아무래도 암컷의 선택권이 더 중요하다. 인간 사회에서는 쌍방선택을 통해 서로의 마음에 들고자 노력한다. 서로의 노력이 상승 작용을 일으켜 현재의 인간 사회가 만들어졌다. 이것이 쌍방선택론의 핵심이다.

인간의 집단생활 문화가 쌍방선택을 가능케 한 주요한 배경이다. 동물은 보통 집단생활을 하지 않는다. 모두 따로따로 살고, 짝짓기 계절이 돌아왔을 때만 잠깐 암컷과 수컷이 만난다. 이후 다시 헤어지고 따로따로 살아간다. 집단생활을 하는 동물들이라 하더라도 암컷과 수컷이 한데 모여 같이 지내는 경우는 굉장히 드물다. 보통은 암컷이 무리를 이루고, 그 사이에 몇몇 수컷이 있을 뿐이다. 이 수컷은 다른 수컷을 이겨서 암컷 무리 사이에 남은 개체다. 계속해서 다른 수컷이 도전하고, 도전에서 이기면 암컷 무리에 들어가고 지면 무리에서 나간다. 많은 수컷이 사이좋게 지내는 경우란 무척 드물다. 사정이 이러하니 보통 수컷은 암컷을 찾아 돌아다닌다. 수컷은 암컷을 보면 거의 무조건 다가간다. 저 암컷이 자기에게 호감을 느끼는지 아닌지는 고려할 수 없다. 초원 또는 정글에서 암컷을 만났다는 사실 자체가 귀중하다. 지금 만난 암컷을 놓치면 살아서 다른 암컷을 만날 수 있을지조차 확신

사냥하는 남자 채집하는 여자

할 수가 없다. 깊게 따질 여유가 없다. 만나면 무조건 접근해야 한다. 암컷은 수컷의 요구를 받으면, 받아들일 것인지 아닐 것인지만 결정한다. 맘에 들면 짝짓기를 하는 것이고 맘에 들지 않으면 거절한다.

새는 수컷이 암컷의 관심을 얻기 위해 운다. 암컷 새는 여러 수컷의 울음을 듣고 가장 맘에 드는 수컷을 찾아간다. 그럼 그 수컷은 감격하며 암컷을 환영한다. 이때 수컷이 마음에 들지 않는다는 이유로 암컷을 거절하는 경우는 없다. 지금 이 암컷을 거절하면, 다음에 다른 암컷이 살아생전에 다시 자기를 방문해 줄지 알 수 없다. 자연에서 자기를 받아줄 암컷을 찾기란 쉽지 않다. 기회가 되면 무조건 짝짓기를 해야 한다.

그런데 모두가 모여 사는 집단생활을 하면 이야기가 달라진다. 유인원은 보통 집단생활을 한다. 인간도 다 같이 모여 산다. 이때 남자 주위에는 짝짓기할 가능성이 있는 여자가 많다. 자연에서의 수컷과 달리 인간 사회에서의 남자는 주변에 여자가 많다. 어느 한 여자에게 거절을 당해도, 다른 여자를 찾아갈 수 있다. 찾아갈 수 있는 여자가 한 명뿐이라면 그여자가 내 맘에 드는지 아닌지는 따질 겨를이 없다. 하지만 가능성이 있는 여자가 여럿이라면 남자도 자신의 마음에 드는지 아닌지를 따질 수 있다. 남자는 여러 여자 중 자기가 제일 좋아하고 취향에 부합하는 여자를 찾는다. 여자도 마찬가지다. 동물처럼 남자들이 한 마리씩 자신을 찾는 게 아니다. 주변에 여러 남자가 있다. 그중에서 마음에 드는 남자가 있긴 한데, 그 남자가 제일 먼저 본인을 찾아올지는 알 수 없다. 자기 맘에 드는 남자가 다른 여자를 찾아가고 그 둘이 짝이 되면 이 여자는 마음에 드는 남자와 결합할 기회를 잃는다.

자연에서 수컷은 암컷을 결사적으로 찾는다. 암컷을 만날 기회 자체가 적고, 짝짓기 기회 자체가 거의 주어지지 않기 때문이다. 하지만 인간 남자는 상대적으로 쉽게 여자를 찾을 수 있다. 자기 맘에 드는 여자에게만 접근하고, 맘에 들지 않는 여자에게는 관심을 꺼도 된다. 자연 속 암컷은 자기를 찾아오는 수컷 중에서 고르기만 하면 된다. 만남이 어려운 환경 속에서도 어떻게든 자기를 찾아오는 수컷들이 있다. 하지만 인간 여자의 주위에는 자기를 적극적으로 찾지 않는 남자도 많다. 자기가 아니라 다른 여자를 찾는 남자도 많다. 이런 와중에 자기 맘에 드는 남자를 얻기 위해서는, 남자가 좋아하는 것을 갖추어야 한다. 남자가 원하는 것, 남자가 바라는 것을 가지고 있어야 한다.

진화생물학, 진화생물학, 진화심리학에서 여자가 남자에게 가장 많이 바라는 건 자기와 아이를 먹여 살리는 것이라 본다. 인간 여자는 다른 동물과 달리 혼자 아이를 낳고 기르기가 어렵다. 누군가 도와주고, 이 기간 동안 먹고 살 수 있도록 지원해야 한다. 그런 지원이 없으면 아기와 함께 굶어 죽는다. 지원할 수 있는 남자가 필요하다. 혼자만 간신히 먹고 사는 남자는 이런 지원을 할 수 없다. 최소한 가족을 먹여 살릴 수 있을 정도로 벌어야 하는데, 사회적 지위가 높으면 더 많이 지원할 수 있다. 남자의 재산, 지위를 바라는 이유다. 이런 여자의 욕구를 충족하고자 남자는 보다 많은 재산을 얻고 보다 높은 사회적 지위를 얻기 위해 노력한다.

한편 진화생물학, 진화심리학에서 남자가 여자에게 가장 많이 바라는 건 자신의 아이를 낳아주는 것이다. 젊고 건강한 여성이 아이를 잘 낳는다. 몸의 좌우가 대칭인 사람이 더 건강한 경향이 있고, 그래서 사람은 몸의 좌우가 대칭인 여성을 예쁘다고 생각한다. 젊고 예쁜 여성을 우선하고, 다음으로 아이를 잘 길러줄 지혜로운 여자를 원한다. 여성 고객을 겨냥한 화장, 패션, 다이어트, 성형 시장이 모든 문화권에서 큰 비중을 차지하는 건 이런 쌍방선택이 아니면 설명하기 어렵다. 여자들이 남자들에게 큰 관심을 가지면서 힘들어하는 것도 쌍방선택에서만 설명이 된다. 인간은 여자의 선택이 더 중요하긴 하지만 남자도 선택권이 있는 쌍방선택을 한다.

## 신체에 남은 난혼의 흔적

역사상 존재했던 이성 간의 결혼제도는 주로 일부일처제와 일부다처제가 있다. 여기서 반드시 '정식'으로 결혼하는 것만을 일부다처로 이해하진 않는다. 실질적으로 남성 1명이 여러 여자의 의식주를 해결하면서 성적으로 연결된다면 일부다처제이다. 이와 반대로 여자 1명이 남성 여러 명을 데리고 산다면 '일처다부제'라고 부를 수 있을 것이다. 그런데 인류 역사상 여자 1명이 남자 여러 명을 데리고 살았던 사회는 찾아보기가 어렵다. 몇몇 여자들이 여러 남자를 거느렸던 경우는 있으나 그것이 사회적인 제도로 정립된 경우는 없었다. 그래서 일처다부제는 거의 논의되지 않는다.

이슬람교의 경전,《쿠란》에서는 남성 1명이 아내를 4명까지 둘 것을 허용한다. 이때 4명은 모두 정식 아내이다. 조선 시대 때 남성은 정식으로 첩을 둘 수 있었는데, 첩은 공식 아내가 아니긴 하여도 부부로 인정은 받았다. 동서고금을 막론하고, 인간 사회에서는 다양한 방식의 일부다처제 형태를 찾아볼 수 있다.

현대 한국사회는 엄격한 일부일처제를 채택한다. 한 명의 남자가 여러 명의 여자와 결혼하는 건 법으로 금지됐고, 비공식적인 내연관계를 유지하는 것도 사회적 지탄의 대상이 된다. 이슬람교에서는 교리상 일부다처제를 정식으로 인정하나 이외에는 그렇지 않다. 그런데 진정한 의미의 '일부일처제'는 아니다. 진짜 일부일처제란 남자 1명과 여자 1명이 평생 관계를 유지하는 것이다. 그렇지만 현대 사회에서는 이성 부부가 이혼으로 헤어지는 사례가 많다. 남성은 보통 재혼을 한다. 이에 비해 여성은 재혼하는 비율이 남성의 비율보다 크게 낮다. 남성이 한 번에 여러 여성과 혼인을 하진 않아도, 다른 여성과 결합하는 경우가 많으니 실질적으로는 일부다처를 경험한다.

사회제도는 일단 일부일처제를 고수한다. 그런데 인간은 원래부터 일부다처제 동물일까? 아니면 일부일처제 동물일까? 사회적 제약이 없다면 인간의 천성은 어떤 혼인제도를 선택할까? 이를 알기 위해 인간 이외의 다른 동물들의 사례를 참고하고자 한다.

동물의 세계에서 그 종의 가족 형태를 판단하는 기준이 있다. 바로 수컷과 암컷의 몸집 차이다. 수컷이 암컷보다 크면 클수록 일부다처제를 지향한다. 바다사자의 경우, 수컷이 암컷보다 훨씬 크고 체중도 2배나 많다. 수컷 1마리가 수십 마리의 암컷과 같이 생활한다. 이와 달리 수컷과 암컷의 크기가 비슷하면 보통 일부일처로 가족을 구성한다.

인간 남성과 여성의 덩치 차이는 얼마나 될까? 평균적으로 남성은 여성보다 10% 정도 키가 더 크다. 몸무게는 20% 정도 더 무겁다. 상체 근육의 힘은 남자가 여자보다 50% 정도 더 강하다. 이 정도 차이를 고려하면 보통 남성 1명당 여성 1.5명 정도의 비율로 일부다처제가 이루어진다. 인류의 역사적 경험을 살피면, 남성 1명은 통상 1~2명의 여성을 아내로 두었다. 그리고 인간과 유전적으로 가까운 동물인 고릴라 같은 유인원도 일부다처제로 무리를 구성한다. 인간은 이런 유인원에서 갈라져 나왔기 때문에 인간도 일부다처제를 지향할 것이라는 주장에 설득력이 있었다. 일부다처제가 지탄받긴 하여도 인간을 '약한 속성의 일부다처제 동물'이라고 판단했었다. 그런데 보노보라는 종의 성생활을 연구하면서 이견이 대두됐다. 보노보의 서식지는 아프리카 대륙 중부 한 지역에 한정되기 때문에, 다른 유인원보다 연구가 늦어졌다. 보노보는 유인원 중에서도 인간과 가장 가까운 종이다. 유인원인 고릴라는 인간과 약 900만 년 전에 갈라졌는데, 보노보와 인간은 약 500만 년 전에 갈라졌다. 이때 침팬지가 같이 갈라졌다. 침팬지, 보노보, 인간은 지구상 유전적으로 가장 가까운 동물들이다.

침팬지는 일부다처제 동물로 분류되지만 사실 수컷과 암컷이 가리지 않고 성교하는, '난혼'적인 측면이 존재했다. 침팬지는 수컷 간에 엄격한 서열이 존재하고, 서열이 높을수록 암컷과의 성행위에 우선권을 가진다. 하지만 그렇다고 서열이 낮은 수컷이 완전히 배제되는 건 아니다. 서열 낮은 수컷도 암컷들과 교미를 한다. 결국 서열이 높은 수컷이 우선권을 가질 뿐, 모든 수컷과 암컷이 서로 교미를 한다. 그러나 서열 높은 수컷이 우선권을 가진다는 측면에서 일부다처제의 변형으로 간주할 법도 하였다.

하지만 보노보는 단순 난혼 관계를 유지한다. 수컷, 암컷이 상대를 잘 가리지 않고 성행위를 한다. 자식을 얻기 위해서 성행위를 한다는 느낌이 아니다. 의사소통 수단, 친교의 수단으로 성행위를 한다. 그리고 보노보는 그간 인간이 다른 동물과 구별되는 이유로 꼽은 성적 특성을 공유한다. 다른 동물들은 암컷에 발정기가 있고, 이때만 성행위를 한다. 하지만 인간 여성은 따로 발정기가 없다. 수컷이든 암컷이든 모두 언제나 성행위가 가능하다. 보노보 역시 발정기가 없다. 동물 간의 성행위 자세는 주로 후배위인데, 인간과 보노보는 정상위를 할 줄 안다. 또한 보노보 세계에서는 동성애 현상도 관찰된다.

보노보들의 성생활은 다른 어떤 동물들보다 인간과 유사했다. 그런데 보노보의 성생활은 난혼이다. 그럼 인간의 본성도 보노보처럼 난혼을 추구한다고 이해하는 게 더 합리적이지 않을까? 침팬지도 그동안 일부다처의 시각으로 보았을 때는 일부다처제를 유지하는 것처럼 보였지만, 난혼의 가능성을 두고 살펴보면 난혼제에 더욱 가깝다. 인간과 가장 가까운 보노보, 침팬지가 난혼이라면 인간의 본성도 난혼제도를 추구하지 않을까 싶다.

다른 동물에게서 보이지 않는 인간 남성과 여성의 성적 특성이 조명되면서, 인간의 본성에 걸맞은 결혼제도는 난혼이라는 주장에 더욱 힘이 실렸다. 우선 남성의 성기 모양은 다른 수컷 동물의 성기와는 다르다. 일직선으로 평평하지 않고, 버섯처럼 굴곡이 있다. 이 모양은 여성과 성교할 때, 여성기에 들어 있을 다른 정액을 빼내는 역할을 한다. 다른 남자의 정액을 빼내고 자신의 정액을 넣기 위한 수단으로 남성기가 이용된다. 이건 여성이 여러 남자와 동시에 성행위를 한다는 전제하에 성립된 신체 특성이다. 한 명의 남자와만 성행위를 한다면, 다른 남자의 정액을 빼낼 필요가 없다. 남성의 독특한 성기 모양은 여자가 난혼을 한다고 할 때만 유용하다.[*]

또 인간 여성은 성적 관계를 하고 오르가슴을 느낄 때 소리를 낸다. 그리고 한 번만이 아니라 여러 번 오르가슴을 느낄 수 있다. 자연계에서 소리를 내는 것은 굉장히 위험한 행위이다. 수컷이 암컷을 찾으려 할 때나 어쩔 수 없이 소리를

---

[*]  다치바나 아키라, 박선영 옮김, 《말해서는 안 되는 너무 잔혹한 진실》, 레드스톤, 2017.

내는 것이지, 소리를 내면 다른 동물에게 발각될 수 있다. 그런데 여성은 성행위를 할 때 소리를 낸다. 남성은 소리를 내지 않을 수 있는데, 여성은 소리가 난다. 인간의 본성이 일부일처제나 일부다처제를 지향한다면 이런 현상을 이해하기 어렵다. 하지만 난혼이라고 보면 설명이 된다. 여성은 소리를 내어 남성들을 끌어들인다. 여러 남자와 동시에 성행위를 할 것이기 때문에 여러 번 오르가슴을 느끼는 것도 설명이 된다.

인류 역사에서 농업혁명이 이루어지면서 남자는 여자를 구속하고, 다른 남자들과의 성관계를 막았다. 하지만 원시 수렵채집사회에서는 어땠을까? 결혼제도가 정착되기 전에는 모두가 보노보처럼 성행위를 하고 아이들은 공동체에서 함께 기르는 난혼 문화를 공유했을 가능성이 있다. 인간의 천성에 어울리는 결혼제도를 난혼이라고 보면, 남자와 여자를 둘러싼 많은 사회현상을 이전보다 쉽게 해석할 수 있다.

## 사냥과 채집

진화론은 우리의 몸이 환경에 적응하면서 오늘의 형체에 이르렀다고 본다. 그런데 진화론은 '몸'을 이야기할 뿐, '심리'를 이야기하진 않았다. 우리의 몸만이 아니라 사고방식과 심리 역시 진화의 과정을 거쳐 형성됐다고 보는 학문이 바로 '진화심리학'이다.

여자와 남자는 같은 자연환경에서 지낸다. 같은 자연환경에서 함께 지내니 서로 다를 이유도 없을 듯하다만 실제로는 둘의 몸이 다르다. 호모 사피엔스는 물론, 다른 동물들도 암컷과 수컷의 외모가 다르다. 성선택론은 같은 환경에서 지내는 동물들이 성별마다 다른 모양을 갖춘 이유를 설명해준다. 하지만 진화론이 반드시 '몸'에만 적용되는 건 아니다. 우리의 마음도 환경에 맞게, 성별에 따라 달리 진화되었을 가능성이 있다. 실제로 여자와 남자의 심리 구조는 다르다. 진화심리학에서는 이런 현상을 두고, 인류 진화 과정에서 남자와 여자의 역할이 달랐고 그 역할에 따라 다른 심리 구조가 형성됐다는 식으로 설명한다. 남자들은 사냥을 주로 했고, 여자는 채취(채집) 활동을 주로 했다. 몇만 년 동안 이렇게 지냈고, 그에 따라 남자와 여자의 심리에도 영향을 미쳤다. 진화심리학에서는 현대 사회에서의 남자와 여자의 심리, 인지 차이는 주로 이 과정에서 발생했다고 본다.

여자와 남자의 심리 차이에는, 앞서 말한 성선택론적인 차이뿐만 아니라 실제 생활에서 구분되는 차이도 있다. 여자와 남자의 생활은 다르다. 오랜 시간 둘은 서로 다른 일을 했고, 그 과정에서 오늘의 사고방식이 형성됐다. 특히 수렵채집시대 때 성립된 생활 방식의 차이가 인간의 마음에 큰 영향을 끼쳤다. 현대 문명이 성립되어 지속된 기간은 고작 몇백 년이다. 그러나 인간이 호모 사피엔스로 진화하는 데에 걸린 시간은 몇만 년이었다. 그 시간의 대부분을 인간은 수렵과 채취를 하였다. 농경을 시작한 지는 약 1만 년밖에 되지 않았다. 인간의 심리 구조는 대부분 수렵채집시대에 만들어졌다고 봐야 한다.

수렵채집시대에 사람들은 어떻게 지냈을까? 여자는 채소, 과일 등을 구하고 남자는 사냥을 했다. 남자는 사냥을 했다고 하니까 멋있게 보일지 모른다. 그런데 숱한 문화인류학자가 오늘날까지 수렵-채취를 하며 사는 사람들을 직접 관찰해보니, '멋'과는 거리가 멀다. 실제로 큰 짐승을 사냥한 사례는 정말 극히 드물다. 대부분은 빈손으로 돌아오고, 사냥에 성공한다고 하더라도 토끼 같은 소형 동물이 대부분이다. 새둥지를 발견해서 새끼 새 몇 마리를 잡으면 굉장한 행운으로 여긴다.[*]

호랑이와 늑대가 싸우면 호랑이가 이긴다. 그러나 실제 숲에서 호랑이와 늑대가 만나면 호랑이는 늑대를 잡아먹으려

---

[*] 제프리 밀러, 김명주 옮김. 《메이팅 마인드》. 소소, 2004.

고 덤비지 않는다. 늑대와 싸워서 이기기는 하겠으나 그 과정에서 호랑이도 크게 다칠 수 있다. 다리라도 부러지면 그걸로 끝이다. 어딘가를 크게 물려서 다치면 지금 늑대는 잡아먹더라도 앞으로 다른 짐승을 사냥할 수 없어 결국 굶어죽는다. 야생에서는 자기가 다치지 않고 상대방을 잡아먹어야 한다. 그러려면 힘에서 압도적인 차이가 나는, 약한 것들만 잡아야 한다. 인간도 마찬가지다. 먹고 살자고 하는 짓인데 목숨을 걸고 늑대를 잡으려 하지는 않는다. 늑대가 정말로 큰 피해를 주기에 반드시 사냥해야 하는 경우, 정밀한 사냥 작전을 수립해 그 과정에서 인간의 피해를 최소화할 수 있을 거라 확신할 수 있는 경우에만 늑대 사냥에 도전했다.

그래서 실질적으로 여성이 먹을거리를 책임졌다. 연구자들은 여자들이 채취한 나물, 과일이 당시 인류가 섭취한 열량의 60~70%를 차지할 것이라고 예상한다. 사자가 암컷을 주축으로 무리를 유지하듯이, 인간 사회도 기본적으로 여성의 활동으로 유지되었을 것으로 본다. 여성이 인류를 먹여살렸다. 물론 남자의 사냥을 완전히 무시할 필요는 없다. 인간은 과일, 나물만으로는 살 수 없다. 필수영양소로 단백질을 섭취해야 하는데, 단백질을 구하기 위해서는 남자의 사냥이 필요했다. 조그만 짐승이나 새를 잡는 일에 남자만 필요한 건 아니었을 테다. 하지만 아주 가끔 큰 짐승을 사냥하기 위해서는 남자의 신체능력이 필요했다.

성별 간 인지능력의 차이 중 대표적인 것은 공간인지능력이다. 남자는 여자보다 공간인지능력이 뛰어나다. 방향, 거리를 파악하는 능력은 상대적으로 남자가 좋은데, 이는 모든 인지능력 조사 결과에서 공통되게 관측되는 결과이다. 공간인지능력이 중요한 건축사 같은 직종에서 남성이 압도적인 비율을 차지하는 까닭엔 이러한 맥락이 있다. 그러면 두 성별의 공간인지능력에는 왜 차이가 있을까? 둘은 같은 환경에서 살았으니, 거주 환경에 따른 차이라고 볼 수는 없다. 공간인지능력이 이성을 유혹하고 선택하는 것과는 아무 상관이 없으니 성선택론으로도 설명할 수 없다. "남자는 사냥, 여자는 채집"이라는 진화심리학적 관점으로는 설명이 가능하다.

나물을 캐거나 과일을 딸 때 필요한 공간인지능력은 나물이나 과일나무가 어디 있는지, 집이 어느 방향에 있는지 따위다. 예를 들어 "산 쪽으로 1시간을 가면 나물이 많이 자라는 곳이 나온다, 동쪽으로 30분을 가면 사과나무가 나타난다, 서쪽으로 1시간을 가면 버섯밭이 보인다." 같은 것이다. 방향 감각만 있어도 무리 없이 채집할 수 있고, 1m인지 3m인지는 채취 과정에서 쓸모가 없는 정보이다. 딱 이 정도의 방향 감각과 거리 감각만 있으면 훌륭한 채집인이 될 수 있다.

하지만 사냥을 하기 위해서는 훨씬 더 정확한 거리 감각이 필요하다. 창을 던져서 얼룩말을 맞힌다고 하면, 얼룩말이 30m 거리에 있는지, 40m 거리에 있는지, 50m 거리에 있는지를 정확히 파악해야 한다. 그리고 그 거리에 맞게 조준해서 창을 던지고 화살을 쏘아야 한다. 창이나 화살은 직선이 아니라 포물선으로 날아간다. 몇 m만 오차가 생겨도 창이나 화살은 맞지 않는다. 방향도 정확히 얼룩말 방향을 파악해야 한다. 창이 몇 도만 옆으로 벗어나도 얼룩말을 맞힐 수 없다. 사냥에 성공하기 위해서는 나와 사냥감 사이의 거리를 정확히 가늠해야 한다. 그리고 30도 위로 창을 던져야 하는지, 45도 위로 창을 던져야 하는지도 엄밀히 계산해야 한다. 몇 m만 벗어나도, 각도가 몇 도만 어긋나도 사냥은 실패한다. 사냥꾼으로 살아가기 위해서는 공간을 정확히 파악하는 능력이 있어야만 한다. 거리 감각, 방향 감각을 키우지 못한 사냥꾼은 굶어 죽는다.

사냥꾼으로서 살아온 남자는 사냥꾼으로서의 심리와 마음 상태를 형성한다. 채집인으로 살아온 여자는 채집인으로서의 심리와 마음 상태를 구축한다. 성별 간 사고방식의 차이는 서로 다른 역할을 추구한다는 진화심리학적 해석으로 설명할 수 있다.

## 남자가 조직과 일에 몰두하는 이유

대다수 남자는 회사, 업무를 우선한다. 애인, 가족보다 회사 일을 우선한 탓에 인간관계에서 갈등을 많이 겪는다. 채용 과정에서 남성을 우선하는 이유 중 하나로, (사실인지 아닌지와는 별개로) 남자가 여자보다 회사에 충성한다는 점을 거론한다. 그런데 어떤 여성이 이를 두고 이렇게 반박한 적이 있었다.

남성 대부분은 아무런 생각 없이 회사를 다닌다. 왜 직장생활을 해야 하는지를 고뇌하지 않는다. 그러나 나는 계속해서 회사를 다녀야 하는 이유를 곱씹는다. 직장인의 장점과 단점을 생각하고 비교한다. 그렇게 회사와 업무를 고민하고, 회사를 다니는 게 좋다는 판단하에 직장생활을 한다. 나는 회사를 출근해야 하는 이유를 분명히 알고 있다. 아무런 생각도 없이 직장으로 향하는 남자들보다 회사의 장점을 훨씬 잘 알고 있다. 이런 내가, 회사를 향한 충성심이 낮을 리가 없지 않은가?

이 여성은, "회사를 다니는 이유를 분명히 인지하니, 회사를 향한 충성심이 남자보다 낮지 않다."라는 의미로 이런 말을 했다. 하지만 사실 이렇게 장단점을 재고 이유를 따진다는 모습이 충성심이 높지 않다는 걸 방증한다고 생각한다. 회사의 장단점을 고려한다는 건 언제든지 회사를 그만둘 수 있다는 뜻이기도 하다. 남성 대부분은 그런 고민 자체를 잘 하지 않는다. 다른 대안이 뚜렷하게 생길 때까지는 당연히 다녀야 한다고 생각한다. 그러면 왜 대다수 남성은 일, 업무를 우선하고 조직과 집단에 충성할까? 왜 대다수 여성은 업무와 일상 사이의 균형을 원하고 조직 자체에 상대적으로 덜 충성할까? 이런 현상도 남자는 사냥, 여자는 채집이라는 진화심리학적 이론으로 설명할 수 있다.

여자의 채집 생활은 집단적이다. 모두 모여 함께 이동하고, 각자 과일을 채취한다. 그런데 누군가의 집에 급한 일이 발생했다고 가정해 보자. 한 여자가 돌아간다고 해서 채집 활동 자체에 무슨 문제가 생기는 건 아니다. 급한 일이 생겨 돌아가라고 흔쾌히 말해준다. 집에 일찍 돌아간 여자가 그날 먹을 과일을 따지 못했다고 해도, 큰 문제는 아니다. 다른 여자들이 하나씩만 따로 떼어주면 된다. 사과 10개 먹을 거 9개만 먹으면 된다. 한 명이 채집 활동에서 빠진다고 해서 커다란 손실을 감당하는 건 아니다. 다른 여자도 훗날 비상 상황이 발생했을 때 업무에서 빠질 수 있다. 지금 상대방을 도우면 언젠가 본인도 도움을 받을 수 있다. 함께 채집 활동을 하지만, 누가 다른 일이 있다고 빠진다 해도 무리 없이 모두가 잘 지낼 수 있다. 공동 업무와 개인 생활을 균형감 있게 처리할 수 있는 것이다.

남자의 사냥은 사정이 다르다. 사냥은 우르르 몰려다니며 화기애애한 분위기에서 진행되지 않는다. 사냥은 참여자들의 업무 분담이 확실하다. 몰래 앞까지 다가가는 사람, 뒤를 막아서는 사람, 오른쪽을 담당하는 사람, 왼쪽을 담당하는 사람, 창을 던지는 사람, 화살을 쏘는 사람, 추적을 담당하는 사람 등등으로 구분된다. 참여자가 많을수록 더 큰 짐승을 잡기 위해 업무도 추가로 늘어난다. 여러 사람에게 한 가지 업무를 중복으로 맡기진 않는다. 이렇듯 분업화와 조직화로 구축된 '사냥 업무'에서, 한 명이 갑작스레 빠지면 어떻게 될까? 포위망을 만들어 맹수를 쫓는 중인데, 그중 한 명이 빠지면 포위망에 구멍이 생긴다. 맹수는 기막히게 그 빠진 구멍을 알아채고 그곳으로 도망간다. 결국 사냥에 실패한다.

채집 업무에서는 한 명이 빠져도 별 지장이 없을 수 있으나 사냥은 한 명이 빠지면 업무 자체가 무너진다. 채집에서는 나만 빈손으로 돌아갈 수 있어도 사냥에서는 모두가 빈손으로 돌아간다. 한 명이 빠지는 순간 공동체에 주는 피해가 막대하다. 사냥에 참여한 사람은 사냥이 완전히 끝나기 전까지는 절대로 자리를 비울 수 없다. 한두 번은 봐줄 수 있을지 몰라도, 이런 일이 반복된다면 처음부터 그 사람을 빼고 사냥에 나설 수밖에 없다. 그 사람이 없어도 사냥이 이루어질 수 있게 업무를 배분한다. 즉 계속 다른 일로 사냥에 빠지는 사람을 업무에서 배제하는 것이다.

채집 업무에서 배제되면 어떻게 될까? 혼자 해야 하니 외로울 것이고 정신적으로 고독할 것이다. 그러나 일을 못 하는 건 아니다. 혼자서라도 과일을 따고 나물을 캐면서 살 수 있다. 자신과 친한 소수의 인원만 있으면 공동 업무를 수행할 수 있고, 사실 모두와 친하게 어울릴 필요가 없다. 하지만 사냥 활동에서 배제되면 어떻게 될까? 혼자서 사냥을 하는 건 위험하다. 또 혼자서 사냥을 하면 잡을 수 있는 짐승이 거의 없다. 개구리는 잡을 수 있겠지만 사슴 또는 늑대를 혼자 잡는 건 거의 불가능하다. 가족을 먹여 살리기 위해서는 계속 단백질을 구해야 하는데, 그럴 수가 없게 된다. 1~2명의 동료를 따로 구했다고 해도 마찬가지다. 허접한 창, 활을 가진 1~2명으로는 큰 짐승을 사냥하는 건 불가능하다. 다른 사람들이 모두 사슴, 얼룩말을 사냥해 축제를 열 때, 이 남자의 가족은 단백질을 섭취하지 못한다. 남자가 사냥꾼 무리에서 배제되는 건 엄청나게 위험한 일인 것이다. 어떻게 해서든 동료들의 사냥에 같이 참여해야 한다. 웬만한 일이 있다고 해서 사냥에서 빠지면 안 된다. 특히 사냥하는 도중에 급한 일이 있다고 돌아가면 안 된다. 사냥에서 빠지기 위해서는 가족 중 누가 죽거나 크게 아프거나, 어쨌든 다른 동료들이 "그건 어쩔 수 없지, 오늘 모두의 사냥을 망쳐도 할 수 없지."라고 인정할 수 있을 만한 큰 사건이어야 한다. 그런 커다란 일이 아닌 일로 몇 번 빠지면, 결국 사냥 동료에서 제외된다.

즉 진화심리학적으로 남자는 조직과 업무를 우선시할 수밖에 없다. 여자는 조직에서 빠져도 상대적으로 문제가 덜하다. 함께 채집할지, 혼자 다닐지, 친한 몇 명과 같이 다닐지를 고를 수 있다. 그러면서 자신의 생활을 유지하는 게 가능하다. 하지만 남자는 아니다. 사냥의 세계에서 남자는 혼자 할 수 있는 일이 거의 없다. 2~3명으로 할 수 있는 일에는 한계가 있다. 사냥에서는 조직이 크면 클수록 사냥할 수 있는 대상이 늘어난다. 커다란 조직에서는 코끼리, 사자도 사냥할 수 있다. 어느 조직에 들어가는지는 자기 경험과 생활에 막대한 영향을 미친다. 가족에게 어떤 고기를 갖다 줄 수 있는지도 여기서 결정된다. 이것이 남자가 여자보다 조직에 목매는 진화심리학적인 이유이다.

## 남자의 유일한 장점, 조직화

생물은 진화를 이용해 현재의 '다양성'을 만들었다. 동식물의 진화는 유전자의 변화를 통해 이루어진다. 그런데 유전자의 변화가 좋은지 나쁜지, 즉 진화가 좋은 방향으로 이루어지는지 나쁜 방향으로 이루어지는지를 미리 알기는 힘들다. 유전자가 더 나아지는 방향으로 진화하기 위해서는 실험을 해야 한다. 처음부터 어떻게 변화하는 게 더 나은지 알 수는 없다. 여러 방향으로 시도하고, 그중 가장 결과가 좋은 쪽으로 변화를 해야 한다. 여러 방향으로 시도를 해야 하는데, 정말로 중요하거나 가치 있는 것으로 시도할 수는 없다. 덜 중요한 것이나 없어도 되는 것을 대상으로 실험한다. 마치 의약품의 효과를 측정할 때도 처음부터 사람을 대상으로 하지 않듯이 말이다. 이렇게 변화를 측정하거나 실험하기 위해서는 쓰고 버릴 '실험 대상'이 필요하다.

그러면 진화 도중 쓰고 버릴 대상은 무엇인가? 미국의 심리학자 로이 바우마이스터Roy F. Baumeister는 자신의 저서 《소모되는 남자》에서 충격적인 주장을 했다. 인간에게, 나아가 동물에게 진화 도중 쓰고 버릴 실험 대상은 바로 남자, 수컷이라는 주장이었다.

자연계에서 정말 중요한 성은 여성, 암컷이다. 여성이야말로 자식을 낳아 유전자를 물려줄 수 있고, 인류가 살아남을 수 있게 해준다. 이렇게 소중한 여성을 실험 대상으로 삼아 변화를 시도해 볼 수는 없다. 하지만 남자는 없어도 된다. 여자는 모두가 소중하다. 남자는 몇 명만 있어도 인류 존속이 가능하다. 남자가 대부분 사라져도, 인류의 생존에 별 영향이 없다. 그래서 자연의 유전자 실험은 남성을 대상으로 이루어진다. 남성, 수컷 유전자는 이런저런 변화를 겪는다. 돌연변이가 발생하고 계속해서 다양한 유전자를 만든다. 보통 사람보다 머리가 더 좋은 남자를 만들기도 하고, 머리가 더 나쁜 남자를 만들기도 한다. 자연은 머리가 더 좋은 게 살아남기 좋은지, 머리가 더 나쁜 게 살아남기 좋은지 모른다. 우리는 보통 머리가 좋은 게 더 좋은 것이 아닐까 단정하지만 꼭 그렇진 않다. 절대로 머리가 좋다 평할 수 없는 모기나 악어는 몇억 년 동안 살아남았다. 다른 동물들보다 머리가 좋다고 알려진 네안데르탈인은 몇백만 년도 살아남지 못한 채 멸종되었다. 어떤 게 살아남기 좋은 요소인지는 판단하기 어렵다. 그래서 자연은 계속해서 유전자를 변화시키며 살아남기 좋은 요소가 많이 퍼져나갈 수 있도록 조치한다. 이때 유전자에 변화를 주는 대상은 남성이다. 이떤 게 좋고 나쁜지 판단할 수 있는 실험체가 곧 남자다.

3장에서 자세히 다루겠지만 남자는 여자보다 편차가 크

다. 남성은 머리가 좋은 사람도 많고 머리가 나쁜 사람도 많다. 키가 큰 사람도 많고 키가 작은 사람도 많다. 위인전에 오를 만한 사람도 많고, 살인자 또는 악당도 많다. 소득이 많은 사람도 많고 노숙자도 많다. 이렇게 남자들 사이에서 편차가 큰 이유는, 바로 남자가 자연의 실험 대상이기 때문이다. 어떤 유전자가 인류에게 좋은지 실험당하는 존재로 남성이 사용되고 있다. 그래서 로이 바우마이스터가 남성을 소모되는 존재라고 부른 것이다.

남자는 실험 대상이기 때문에 여자보다 강점이랄 게 딱히 없다. 겉으로 보기에는 남자가 여자보다 무조건 돈도 많이 벌고 높은 지위를 차지할 것처럼 보이지만 그건 어디까지나 '위'만 바라보았을 때의 이야기다. '아래' 남자는 보통의 여자보다 훨씬 불행하고 어렵게 살고 있다. 평균적으로 볼 때, 남자가 여자보다 더 나은 점을 찾기는 어렵다. 《소모되는 남자》의 저자는 이런 시각에서 두 성별을 이해한다.

남자는 여자보다 나을 것이 없다. 그러나 《소모되는 남자》에서 딱 한 가지는 남자가 여자보다 훨씬 잘한다고 평가한다. 바로 조직화 능력이다. 이는 여러 사람이 모여 조직을 형성하고 조직의 힘으로 무언가를 성취하는 능력, 조직을 구성하는 능력을 의미한다. 선사시대에는 여자는 과일을 따고 나물을 캤다. 이런 일에 업무를 나누어서 조직적으로 진행할

사냥하는 남자 채집하는 여자

필요가 없다. 모두가 같이 과일을 따고 나물을 캐면 된다. 모든 여자가 같은 일을 한다. 성취의 차이는 있을지언정 업무의 차이는 없다. 이와 달리 남자는 사냥했다. 사냥 참가자들은 업무를 분담한다. 특히 큰 짐승, 맹수를 잡기 위해서는 이런 업무 분담이 필수적이다. 상대방의 미끼가 되어줄 사람, 처음 창을 던질 사람, 도망갈 길을 미리 지키는 사람, 포위망을 만드는 사람 등으로 분업을 해야 한다. 여러 사람이 업무를 나누고 조직적으로 사냥을 할 때 맹수를 잡을 수 있다. 이과정에서 남자들은 자연스럽게 조직을 만들고 역할을 나눈다. 공통의 목적을 달성하는 방법을 터득했다.

남성의 조직화 능력은 현대 사회를 형성한 데에 절대적인 영향을 미쳤다. 사실 문명은 조직력을 바탕으로 성립된다. 국가는 조직이다. 사람들이 살아가는 데에 필요한 업무를 분담하고, 이를 총괄할 리더가 생기면서 국가가 탄생한다. 대항해 시대도 단순히 탐험가들이 이끈 게 아니다. 조직이 있었다. 항해가 결정된 순간, 선장·항해사·갑판장·요리사 등 서로 다른 업무를 맡을 사람을 구했다. 이들이 조직적으로 각자의 일을 수행하며 바다로 나아갔다. "남자가 주로 활동한 시기이니, 그런 일을 남자들만 한 게 아니냐?"라고 되물으면 곤란하다. 여자는 평등한 관계에서, 서로 같은 일을 하면서 협조하는 데에 능하다. 하지만 조직 업무는 평등한 관계에서는 제대로 이루어지지 않는다. 심지어 서로 같은 일을 하는 것도 아니다. 서로 모르는 사람들이, 단지 업무를 중심으로, 같이 모여서 일을 한다. 이런 상황에서는 남자가 여자보다 뛰어난 성과를 창출하기가 쉽다.

기업이든 스포츠든 마찬가지이다. 이익을 내기 위해서든 경기에서 이기기 위해서든, 규정을 세우고 홍보하며 일정을 수립하고 단체를 운영하는 별도의 조직이 필요하다. 그런 조직하에서 집단이 발전한다. 남성은 예술가 단체, 노동조합 등의 조직을 세우고 집단을 운영하는 능력이 상대적으로 뛰어나다.

현대 문명은 이런 조직의 힘으로 만들어지고 운영된다. 다른 건 몰라도 '조직을 구성하는 힘'은 남성에게서 기인한 것이며, 따라서 현대 문명을 발전시키는 데에 남성이 공헌한 바가 여성보다 더 크다.《소모되는 남자》에서 로이 바우마이스터가 밝히는 남자의 장점은 바로 이런 '조직을 구성하는 힘', 즉 조직화 능력뿐이다.

## 남자, 가만히 있기를 버거워하다

어떤 유치원에서는 초등학교 진학을 앞둔 원생들을 대상

사냥하는 남자 채집하는 여자

으로 훈련을 시킨다. 책상, 의자에 가만히 앉아 있는 훈련이다. 아이들은 의자에 가만히 앉아 있기를 어려워한다. 움직이고 자리에서 벗어나며 돌아다니려 한다. 그런데 모든 아이에게서 이런 문제가 발생하는 건 아니다. 대부분 남자아이가 이렇다. 여자아이와 달리 남자아아이는 하는 일도 없이 가만히 앉아 있기를 어려워한다. 이른바 '주의력결핍－과잉행동장애ADHD' 진단을 받는 아이들의 성비를 조사하면 남자아이가 압도적으로 많다.[*]

어른이 되어서도 남자들은 가만히 있지 못한다. 똑같이 주식에 도전해도, 가만히 있으면 중간이라도 할 텐데 남자들은 여자들보다도 더 많이 사고팔기를 반복한다. 무언가 새로운 일을 벌여 손해를 입는다. 이런 현상을 과학적으로 증명한 연구가 있을까? 이와 관련된 논문으로는 2014년 미국 버지니아 대학 윌슨Wilson 교수 연구팀이 발표한 〈Just think: The challenges of the disengaged mind〉이 있다.

연구팀은 사람들에게 아무것도 없는 실험실에서 아무것도 하지 않고 15분을 지내도록 요구했다. 실험 전 참여자 전원에게 전기충격을 가했다. 그리고 이 전기충격을 어떻게 생각하는지 조사했다. 당연히 참여자 전원은 전기충격에 굉장히

---

[*]   로이 F. 바우마이스터, 서은국 외 2인 옮김, 《소모되는 남자》, 시그마북스, 2015.

불쾌해했다. 감각이 이상하거나 전기충격을 좋아하는 실험 대상자는 없었단 뜻이다. 그다음 실험 대상자들은 아무것도 없는 실험실에 들어갔다. 그 안에서 15분 동안 아무것도 하지 않고 멍하니 있었다. 이 사람들이 할 수 있는 것은 단 한 가지, 앞에 있는 버튼을 누르기다. 그 버튼을 누르면 전기충격을 느낀다. 그러니까 이 실험은, 사람들이 15분 동안 가만히 있을지 무료함을 이기지 못해 전기충격을 받을지를 알아보는 연구였다.

600여 명이 이 실험에 참여했다. 그중 34%가 버튼을 눌렀다. 나이는 실험 결과와는 무관한 요소였다. 나이가 많다고 해서 참을성이 더 많은 것은 아니었다. 그런데 성별에 따라 결과가 달랐다. 남자가 여자보다 버튼을 많이 눌렀다. 남성 참가자 중 67%가 버튼을 눌렀다. 한 번만 누른 것도 아니다. 버튼을 누른 남성 참가자들을 조사한 결과, 그들은 15분 동안 버튼을 평균 1.5번 눌렀다. 2번 누른 사람이 많았고, 그 이상 누른 사람들도 많았다. 불과 7분도 견디지 못한 남성 참가자가 많았다는 뜻이다.

버튼을 누르면 전기충격을 겪는다. 그걸 이미 잘 알고 있다. 그러나 그런데도 버튼을 눌러 전기충격을 받는다. 그만큼 아무것도 안 하고 가만히 있는 것을 버티지 못한다는 뜻이다. 이처럼 남자는 분명한 손해가 예상될 때에도 달려드는 속성을 가졌다. 가만히 있기보다는 차라리 손해를 보는 편이 낫다고 생각하는 경향이 있다.

왜 남자는 손해를 보더라도 가만히 있는 것보다 낫다고 인지할까? 성선택론으로 남성의 이런 행태를 설명할 수 있다. 성선택론에서 인간은 여자가 남자를 선택한다. 남자도 여자를 선택하는 '쌍방선택'이 이루어지지만, 기본적으로는 여자가 남자를 선택한다. 그렇다고 남자들이 쭉 줄을 서 있고, 그중에서 여자가 고르는 방식은 아니다. 남자가 여자에게 접근하고, 본인을 택할 것을 조르는 방식이다. 이때 여자는, 상대적으로 더 괜찮은 남자가 자신에게 다가오게끔 하는 전략을 주로 취한다. 그리고 그중 어떤 남자를 선택할 것인지가 중요하다. 여자가 특별히 좋아하는 남자가 없다면, 원하는 남자가 자기에게 다가올 때까지 오랫동안 기다린다. 아무것도 안 하고 가만히 있는 게 큰 문제도 아니니까.

하지만 남자는 다르다. 남자는 무언가를 해야만 여자와 교제하고 결혼할 가능성을 높일 수 있다. 남자가 가만히 있는데 여자가 먼저 다가와 교제 또는 결혼을 제안하는 경우는 상대적으로 적다. 최소한 다가오는 여자가 있을 때 그에 맞춰 따라가야 한다. 자연계에서 가만히 있는 수컷의 말로는 뻔하다. 수컷 개구리는 울어야 짝짓기할 가능성을 높인다. 목이 터질 듯이 울어도 대부분의 수컷 개구리는 짝짓기의 기회를 얻지 못한다. 보통 수컷 동물 전체의 20% 정도만 짝짓기 한다고 알려져 있다. 80%는 우느라 힘만 뺄 뿐이다. 하지만 울어야 20%라는 확률에 다다를 수 있다. 울지 않으면 짝짓 기할 확률이 0%가 된다. 무언가를 해야 20%라는 성공 확률에 다가갈 수라도 있다. 수컷은 실낱같이 희미한 확률에 기 댄다. '고통스러운 길'과 '가만히 있는 길', 남자에게는 '가만 히 있는 길'이 더욱 나쁘다.

남자는 여자보다 가만히 있지 못한다. 이대로 가면 결과가 나쁘다고 해도, 그래도 그 길을 가려 한다. 아무것도 하지 않 고 있는 것보다는 낫다고 보기 때문이다. 차라리 사고를 치 지, 가만히 있지만은 못한다. 그래서 남자들은 나이가 들어도 무언가 할 일을 해야 한다. 남자들에게 아무것도 하지 말고 그냥 가만히 있으라고 하는 것, 그냥 쉬라고만 하는 것은 전 기충격을 가하는 것보다 더 안 좋은 일이다.


## 서로 다른 감각

남자와 여자의 몸, 신체능력은 다르다. 특히 시각이 다르 다. 우리는 사람의 눈이나 다른 동물의 눈이나 모두 똑같다 고 생각한다. 그런데 그렇지 않다. 벌과 나비는 자외선을 볼 수 있으나 빨강, 노랑 등의 색깔을 구별하진 못한다. 꽃은 어디에 꿀이 있는지를 표시하여 벌과 나비를 유인하는데, 인간의 눈은 그 표시를 볼 수 없다. 코뿔소는 앞이 보이긴 하여도 초점이 잘 안 맞는다. 이와 달리 원숭이는 인간처럼 초점을 잘 잡는다. 인간은 성별에 따라 '초점'의 정도가 다르다.[*]

남자의 시각과 초점은 멀리 잡힌다. 대신에 좁다. 멀리는 볼 수 있어도 옆으로 조금만 벗어나도 잡지 못한다. 5도, 10도만 벗어나도 눈동자가 돌아가야 한다. 초점을 잡지 않은 상태에서 눈에 비치는 시각이 40도 정도이다. 이와 달리 여자의 시각은 상대적으로 넓다. 눈동자를 움직이지 않고도 상대적으로 쉽게 구별한다. 초점을 잡지 않은 상태에서 약 180도를 파악할 수 있다. 옆에 어떤 사람이 지나갈 때, 남자가 그 사람을 본다면 눈동자가 계속 따라서 움직여야 한다. 그러나 여자는 눈동자를 움직일 필요가 없다. 눈동자를 움직이지 않아도 사람의 움직임을 알 수 있다. 대신에 여자의 초점은 짧다. 남자가 멀리 있는 물체를 잘 볼 수 있다면 여자는 가까이 있는 물체를 넓게 볼 수 있다.

시각의 차이가 생활상의 차이를 만든다. 남자는 물건을 잘

---

[*] 〈서로 다른 감각〉은 마이클 거리언의 《남자아이의 뇌 여자아이의 뇌》(21세기북스, 2012)와 레너드 삭스의 《남자아이 여자아이》(아침이슬, 2007)를 참고하였다.

찾지 못한다. 특히 여러 물건이 같이 모여 있을 때, 찾으려는 물건만 딱 집어내기 쉽지 않다. 가령 냉장고에서 음료수를 찾을 때, 남자의 시선은 위에서 아래로 내려가며 물건 하나 하나 초점을 맞춘다. 그런데 시선을 대강대강 움직이면, 하나 하나 확인하지 않고 사선으로 움직이면 음료수를 발견하기 어렵다. 이와 달리 여자의 시선은 냉장고 안에 있는 모든 물체에 초점이 잡힌다. 어디에 무엇이 있는지를 상대적으로 빠르고 정확하게 찾을 수 있다.

이런 성별 간 시각 차이가 발생한 원인을, 진화론에서는 수렵채집 생활에서의 성별 역할에서 비롯되었다고 이해한다. 남자는 주로 사냥을 하면서 멀리 있는 동물을 보았다. 멀리 떨어진 동물을 보아야 하니 시선이 멀리 있는 대상 하나에 집중한다. 여자는 주로 채취하면서 주위 물체를 한눈에 파악하였다. 남자처럼 고개와 눈동자를 움직이며 초점을 변경해야 했다면 채집활동의 효율성이 상당히 떨어질 수밖에 없다.

한편, 여자는 남자보다 색깔을 세밀하게 구분한다. 여성은 노랑·초록·파랑 계열 색깔을 남자보다 훨씬 더 정교하게 식별한다. 이와 달리 움직이는 물체를 파악하는 동체 시각은 남성이 더 뛰어나다. 여성의 눈은 사물을 잘 구별하고, 남성의 눈은 움직이는 물체를 잘 좇는다.

사냥하는 남자 채집하는 여자

청각에서도 남자와 여자는 다르다. 여자는 남자보다 소리에 민감하다. 남자보다 훨씬 잘 듣는다. 조그만 소음이 반복적으로 들릴 때, 남자보다 여자가 스트레스를 받을 경향이 크다. 옆 테이블의 대화 소리를 똑같이 들어도, 남자의 귀에는 웅얼거리는 소리로 스쳐 지나갈 확률이 높으나 여자의 귀에는 모두 인지할 확률이 높다. 반대로 남자가 여자보다 청력이 떨어지니, 남자의 목소리가 여자보다 큰 경향이 있다. 소곤소곤 이야기하면 잘 알아들을 수가 없다. 남성, 특히 나이든 남성의 목소리가 지나치게 큰 경우가 있는데, 대체로 청각이 다른 사람에 비해 상대적으로 좋지 않아 나타나는 현상이다.

이런 청각의 차이가 모르는 사이에 영향을 끼치는 곳이 학교 교육이다. 남학생이 교실 뒷자리에 있는 경우, 앞에 있는 선생님이 하는 말이 잘 안 들린다. 집중하지만 놓치는 단어가 많다. 이렇게 집중을 하면 쉽게 지친다. 수업마다 놓치는 말들이 쌓이면 결국 학업에서 다른 학생들보다 뒤떨어진다. 청각의 문제라는 것을 알지 못하고 선생의 말을 잘 듣지 않는 학생, 공부를 잘하지 못하는 학생이 되어버린다. 초등학생 때부터 여학생이 남학생보다 성적이 훨씬 좋은 이유 중 하나로, 남성의 청각 문제가 있다고 본다.

촉각 역시 여자가 남자보다 훨씬 민감하다. 같은 고통, 자극을 주었을 때 여자가 남자보다 더 큰 고통을 느낀다. 손을 잡고 몸이 닿을 때 남자는 별 느낌이 없을 수 있어도 여자는 그렇지 않다. 이처럼 남자와 여자의 감각능력은 사실 조금씩 다르다. 이 감각의 차이가 성별 간 인식의 차이, 행동의 차이로 이어진다.

## 강박과 히스테리

최근 한국에서 급성장하는 시장 중 하나가 웹소설 업계다. 도서출판 분야는 전반적으로 하락세를 보이는 데에 반해서 웹소설 시장은 거의 1년에 두 배씩 성장하는 편이다. 웹툰 시장은 형성된 기간이 오래된 덕에 현재의 성장률은 점차 낮아진다. 이와 달리 "요즘 사람은 책을 읽지 않는다."라는 속설을 비웃듯이 웹소설 시장은 크게 성장했다. 사람은 원래 무언가를 읽는 행위 자체를 굉장히 좋아한다는 점을 알 수 있다.

웹소설은 순전히 재미만을 위한 장르라는 점에서 다른 도서출판 분야와는 구별된다. 문학적인 가치, 사회적 효용성은 그다지 고려되지 않는다. 독자도 그런 점을 원하지 않는다. 단순히 재미를 원한다. 한번 쭉 훑어 읽어서 재미를 느끼면 족하다. 이렇게 재미만을 추구하니, 웹소설은 취향이 그대로 드러난다. 자신의 욕구에 맞는 작품을 선정하고, 그 작품에서 재미를 느끼는 순간에만 읽는다. 이에 따라 웹소설은 다른 도서출판 분야나 웹툰보다 이른바 '남성향'과 '여성향'이라는 성향이 두드러지게 구분된다. 물론 원래부터 남성이 좋아하는 소설, 여성이 좋아하는 소설 등이 나뉘긴 하였다. 그러나 그런 구분은 암묵적이고 간접적이지, 직접적인 장르 구분으로 기능하진 않았다. 하지만 이런 장르적 특성에 충실하지 않은 웹소설은 살아남지 못한다. 독자들이 계속 읽지 않기 때문이다.

남성향 웹소설 장르는 '판타지'와 '무협'이다. 여성향 웹소설 장르는 '로맨스'와 '로맨스 판타지'이다. 남성향 판타지나 무협은, 작품마다 세계관과 설정의 차이는 있지만, 기본적으로 주인공이 위기와 시련을 극복하는 '성장형 이야기'이다. 주인공이 어떤 목표를 어떻게 달성하는지가 스토리의 주된 골격이다. 이와 달리 여성향 로맨스, 로맨스 판타지는 두 주인공이 서로를 만나 사랑에 빠지는 이야기로 구성된다. 여기서 로맨스가 현실 세계에서의 사랑을 다룬 장르라면, 로맨스 판타지는 판타지 세계에서의 사랑을 다룬 장르이다. 두 주인공이 처음부터 사랑에 빠지면 분량이 채워지지 않는다. 대체로 처음에는 서로 싫어했다가 우여곡절을 겪으며 사랑에 빠지는 식으로 진행된다. 여자 주인공을 좋아하지 않던 남자

주인공이, 결국에는 여자 주인공을 좋아하고 그에게 매달린다. 마침내 여자 주인공은 남자 주인공의 사랑을 받아들이면서 둘의 사랑을 완성한다. 사회에서는 성별 차이가 없다고 이야기하더라도, 웹소설 작가를 위한 교육 및 가이드 자료에서는 "성별에 따른 차이를 무시하지 말 것"을 강조한다. 남자와 여자의 사랑 이야기가 많은 무협 작품은 팔리지 않는다. 회사 이야기가 많은 로맨스 작품이 팔리지 않듯이. 성별에 따라 독자의 성향이 다르기 때문에, 그 성향을 고려해 웹소설을 쓰는 게 중요하다.

프랑스의 정신분석학자 라캉Jacques Lacan은 남자와 여자의 성향을 '강박적 성향'과 '히스테리적 성향'으로 구분하였다. 남성의 '강박적 성향'은 외부 대상을 바라고 욕망하는 기질이다. 다른 대상, 원하는 것을 소유하기를 원한다. 여성의 '히스테리적 성향'은 타인이 욕망하는 대상이 본인이기를 바라는 기질이다. 다른 사람이 자신을 갈구하기를 원한다.

판타지, 무협 장르는 남성의 강박적 성향을 반영한다. 남자의 목적은 목표물을 얻거나 원하는 지위, 상태, 수준에 도달하는 것이다. '레벨'을 올리거나 세계관 속 최강자로 군림하기를 바란다. 그 목표를 노력으로, 운으로, 아니면 다른 요소로 얻을 수 있다. 남자의 주변 사람은 그의 행동과 욕심에 찬성하거나 응원할 수 있고, 무모한 도전이라고 비아냥거리거나 쓸데없는 짓이라 비판할 수도 있다. 하지만 타인의 평가는 남자 주인공에게 큰 영향을 미치지 않는다. 주변인이 지원을 하든 비판을 하든 자신이 원하는 길을 걷는다. 이것이 남자들의 이야기이다. 물론 현실에서는 이러기가 쉽지 않지만 웹소설에서는 남자의 욕망을 간접적으로 충족할 수 있다. 주위에 설득되어 더는 앞으로 나아가지 않는 주인공은 인기를 얻지 못한다. 이는 웹소설 시장만의 논리가 아니다. 웹툰이든 단행본 소설이든 이런 주인공은 남성들에게 관심을 받지 못한다.

로맨스 장르는 여성의 히스테리적 성향을 반영한다. 타인이 자기를 좋아하는 모습, 세상이 자신을 사랑하는 모습을 원한다. 여기서 중요한 건 성별에 따라 역할이 정해졌다는 점이다. 장르적 의미에서의 로맨스란, 여자 주인공은 남자 주인공이 별로 마음에 들지 않는데 남자 주인공이 여자 주인공을 좋아한답시고 쫓아다니는 서사를 가리킨다. 사랑 자체는 부수적인 요소다. 남자가 여자를 좋아하여 따라다닌다는 맥락이 중요하다.

이런 성향은 미즈시마 히로코水島廣子의《여자의 인간관계》란 책에서 자세히 설명한다. 이 책에 따르면, 여자의 특성은 남자에게 선택받아야 한다는 비대칭적인 조건에서 형성됐다. 역사적으로 모든 문화권에서, 과거에는 여자가 결혼할 남자를 선택하기가 극히 어려웠다. 자유연애를 한다고 해도, 자기가 맘에 드는 남자라는 이유 하나만으로 결혼할 수는 없었다. 남자가 자기를 좋아해야 하고, 사랑의 증거로써 직접적이고 명확한 청혼을 받아야 했다. 여자는 선택을 받아야 했다. 그러다 보니 다른 사람들이 나를 어떻게 생각하는지가 중요했다. 자신이 무엇을 해야 하고 할 수 있는지보다는, 다른 사람이 자신을 어떻게 평가하는지가 더 중요했다. 여자는 본인이 챔피언이 된다고 하더라도, 주위에서 그걸 좋아하지 않으면 별 소용이 없었다. 주변 사람들에게 인정을 받지 못하는 챔피언이 될 바에야 챔피언이 되지 못해도 주변 사람들에게 인정받는 편이 나았다. 상대와의 관계가 중요했기 때문에 "상대방이 어떻게 생각하든 나는 나만의 길을 가겠다."라는 식의 사고방식을 지향하기가 상대적으로 어렵다.

이런 상황에서, 본인이 노력하더라도 타인의 인정을 받지 못하면 충격을 받을 수밖에 없다. '선택하는 쪽'은 단순히 '선택받는 쪽'이 노력했다는 이유 하나만 고려하여 결정하지 않는다. 여자의 노력은 배신당하기 쉬운 구조에 놓인 것이다. 남자는 상대적으로 자신의 욕망에 충실해도 괜찮았다. 그런데 여자는 아니었다. 타인의 욕망을 알아야 하는데, 그 욕망이란 다양하기도 하거니와 확실하지도 않다. 여성의 선호가 다채롭고 무엇을 원하는지 정확하지가 않다는 세간의 속설은, 이런 현상을 반영한 표현이라 할 수 있다.

결국 여성향 웹소설은 남자 주인공이 여자 주인공을 선택하는 이야기다. 이상적인 남자가 주변의 모든 어려움을 이겨내면서 여자인 '나'를 선택하는 이야기다. 이런 이야기의 도덕적·정치적·정당성을 비판할 수는 있다. 그러나 웹소설은 재미를 최우선으로 추구하는 분야다. 독자의 성향에 부합해야 하고, 바로 그런 이유로 이러한 인기를 얻는다. 남자와 여자는 성향이 다르고, 좋아하는 이야기 역시 다르다고 봐야 한다. 그래야 웹소설 시장에서 성별에 따라 선호하는 작품이 다른 이유를 이해할 수 있다.

# 제 3 장

# 장난감, 수학, 경제

*♨ 남자와 여자의 다른 모습들 ♨*

## 소꿉놀이와 스포츠

남자아이는 대개 자동차, 로봇, 공룡 등의 장난감을 가지고 놀고 여자아이는 인형 등을 가지고 논다. 장난감이 다른 것처럼 놀이 방식도 성별에 따라 다르다. 여자아이는 인형을 돌보며 '엄마 – 아기' 놀이를 한다. 하지만 남자아이는 로봇을 돌보거나 '아빠 – 아기' 놀이를 하지 않는다. 남자는 로봇을 가지고 싸우면서 논다. 서로 싸웠을 때 어떤 로봇이 이기는지를 주제로 경쟁한다. 혼자서 여러 로봇을 가지고 논다면, 그 로봇들이 싸우는 상황을 가정하고 무엇이 이기는지를 고민한다.

자동차도 마찬가지다. 남자아이가 자동차를 가지고 놀 때 차를 관리한다는 개념으로 접근하진 않는다. 어떤 자동차가 더 멋있는지, 어떤 자동차가 더 빠른지 등을 주제로 대결한다. 공룡을 가지고 놀 때는 공룡들이 서로 다투는 상황을 가정하고, 어떤 공룡이 더 강한지를 따진다. 서점의 '공룡 코너'를 보면, 공룡을 소개하는 책들도 인기가 있지만 가장 인기가 많은 도서는 공룡들 간의 대결에 관한 서적이다. 공룡들이 서로 싸웠을 때 누가 이길지, 누가 챔피언이고 공룡들의 왕인지를 다룬 책이 인기가 많다. 마찬가지로 파충류들의 가상 대결, 곤충의 왕은 누구인지 등이 관심을 끈다.

남자아이의 이런 놀이는 대체 언제 끝날까? 어떤 자동차가 이기는지, 어떤 로봇이나 공룡이 이기는지가 정해질 때까지이다. 그 놀이가 끝나면 다른 놀이로 넘어갈 수 있지만 공룡들이 서로 가상 싸움을 하는 도중에 놀이를 그만두기는 어렵다. 즉 남자들의 놀이에는 경쟁이 포함된다. 그리고 그 경쟁이 끝나야 하나의 놀이가 끝난다. 남자들의 놀이에는 결과가 있다. 놀이는 그 결과를 도출하기 위한 과정에 불과하다. 조금 더 커서 하는 장난감 총 놀이, 팽이 놀이, 그리고 청소년이 되어서 주로 하는 스포츠도 마찬가지이다. 축구, 탁구, 야구, 농구 등 모든 스포츠는 경쟁을 포함한다. 그리고 누가 이기고 지는지 결과가 나온다. 남자들의 놀이에는 경쟁이 요구되고, 승자와 패자가 반드시 나뉜다.

여자아이의 놀이는 다르다. 여자아이가 인형으로 노는 방식은 주로 소꿉놀이다. 소꿉놀이에서 여자아이는 인형의 옷을 입히며 엄마-아기 역할극을 하거나, 장난감 케이크와 아이스크림을 먹고 화장 연습을 한다. 여자아이들은 함께 어울려 놀 때, 서로 역할을 정하고 그 역할에 맞게 소꿉놀이를 한다. 이 소꿉놀이에서는 경쟁이 없다. 누가 이기고 지는 것이 없다. 모두 다 같이 어울려 놀 뿐이다. 여자아이들은 누가 이기고 지는지를 따지지 않는다. 그리고 소꿉놀이는 추구하는 결과가 없다. 어떻게 하면 놀이가 끝난다는 기준이 정해지지 않았다. 남자들의 놀이는 누가 이겼는지를 정하면 그 놀이가 끝난다. 승패를 확실히 정하기 어려울 때는 미리 시간을 정해두고, 그 시간 내에 누가 점수를 더 냈는지를 기준으로 승패를 결정한다. 남자아이의 놀이는 결과지향적이다. 하지만 여자아이의 소꿉놀이는 그렇지 않다. 몇 시간 동안 계속할 수도 있고, 10분만 하다가 끝낼 수도 있다. 소꿉놀이에서 중요한 건 과정이다. 소꿉놀이 과정에서 재미를 느끼면 족하다. 즉 남자아이의 놀이는 승패의 결과이고, 여자아이의 놀이는 참여의 과정이다. 그것이 둘 사이의 가장 큰 차이다.

마찬가지로 남자와 여자는 일에서도 결과 중심과 과정 중심으로 구분된다. 과거 수렵채집시대의 남자와 여자의 일을 생각해 보자. 남자들은 사냥을 나간다. 사냥을 나가면 동물을 잡아 와야 한다. 사냥감을 잡아 오면 그 사냥은 성공이고, 사냥감을 잡아 오지 못하면 실패이다. 남자들이 서로 사이좋게 잘 돌아다니고 많은 대화를 나누며 서로를 잘 이해했다 하더라도, 동물을 잡지 못하면 실패다. 그날은 고기를 먹지 못한다. 이와 반대로 사냥 과정이 엉망이었고 서로 싸우기만 했으며 낮잠으로 시간을 낭비했다 하더라도, 우연히 큰 동물을 잡으면 그 사냥은 성공이다. 동물을 잡았다는 결과가 중요하다.

여자들의 채집 활동은 다르다. 과거 수렵 시대, 인류의 기원이 된 따뜻한 아프리카 지역에서 과일, 나물을 캐는 것은 그리 어렵지 않았다. 채집 활동을 나가면 모두가 어느 정도 바구니를 모두 채워 온다. 이때는 장바구니를 어떻게든 채우려고 일에 몰두할 필요가 없다. 서로 이야기를 하면서 같이 과일을 따고 나물을 캔다. 서로 잘 대화하면서 과일을 따면 좋은 날이고, 서로 싸우면서 과일을 따면 나쁜 날이다. 여기에서는 과일, 나물을 땄다는 결과가 중요하지 않다. 과일을 따면서 다른 사람들하고 무슨 대화를 했고 어떤 관계였는지가 중요하다. 이 과정에 미리 정해진 끝은 없다. 과일을 20개 따고 집으로 돌아갈 수도 있고, 4~5개만 따고 집으로 돌아가도 된다. 그리고 여자들 사이의 대화는 끝을 낼 필요가 없다. 오늘 대화를 나누고, 내일 이어서 이야기해도 된다. 다른 주제로 넘어가도 아무 문제 없다. 과일, 나물을 채집하면서 심심하지 않게 서로 이야기하는 것 자체가 목적이기 때문이다.

사냥하는 남자 채집하는 여자

현대인의 여가 생활도 마찬가지이다. 남자는 PC방에서의 게임, 당구, 골프 등 '승부'의 맥락이 담긴 놀이를 주로 즐긴다. 남자들도 커피를 마시면서 대화를 하기도 한다. 그런데 이건 오랜만에 만나는 사이에서나 하는 일이다. 일주일에 몇 번 보는 사이에서 커피점에서 오랫동안 이야기 나누며 시간을 보내지는 않는다. 자주 만나는 친구들과는 무언가 같이 승패를 가를 놀이를 찾는다. 이런 놀이가 없으면 그냥 취하도록 술을 마신다. 이와 달리 여자는 '대화'에 초점을 맞춘다. 서로 이야기하는 것이 곧 놀이다. 스포츠 혹은 경쟁 놀이를 할 수도 있으나 꾸준히 대화를 이어간다.

이런 점에서 이성 교제 중 여자와 남자가 받아들이는 부분이 조금씩 다르다. 여자와 남자가 서로 만나서 데이트를 하면 무엇을 할까? 영화를 보고, 레스토랑을 가며, 카페를 간다. 그런데 사실 이건 '여자의 놀이'다. 여자는 남자 애인과 데이트를 한다고 해서, 평소의 놀이와 크게 다른 행위를 하진 않는다. 여자 지인과 어울릴 때도 레스토랑과 찻집을 가고, 남자들과 데이트할 때도 레스토랑과 찻집을 간다. 여자들은 그냥 평소 그대로 하면 된다. 하지만 남자는 아니다. 친한 남자와의 놀이와 여자 애인과의 놀이가 다르다. 남자는 남자들과의 놀이가 따로 필요하다. 그래야 노는 욕구가 충족될 수 있다. 남자는 남자들끼리 있을 때와 여자와 같이 있을 때 모습이 크게 다르다. 이러한 이중성은 성별 간 놀이의 차이로 설명할 수 있다.

## 남자는 자동차, 여자는 인형

아동 장난감 시장에서는 "남자와 여자가 원래는 똑같은 존재"라는 말이 통용되지 않는다. 아동 고객을 상대로 장난감을 판매하다 보니, 성별 차이가 두드러지게 나타나기 때문이다. 옷, 화장품 등 남자를 위한 상품과 여자를 위한 상품이 서로 다르다고 해도, 아이들 장난감 차이만큼 크게 다르지는 않다. 같은 장난감 가게에서도 성별에 따라 코너의 분위기가 완전히 다르다.

남자아이는 트럭 같은 자동차 장난감이나 공룡 인형을 가지고 놀고, 여자아이는 인형과의 소꿉놀이에 필요한 장난감을 좋아한다. 한때 성별 차이는 오로지 문화가 만든 현상이라고 간주한 시절에는, 선호하는 장난감의 차이도 사회환경과 관습에 의한 결과라고 이해했다. 부모가 성별로 장난감을 구분한 탓이라고 이해했다. 부모가 이미 성차별적 인식을 하고, 장난감이 구별되며, 이에 따라 '남자다움'과 '여자다움'이라는 인식이 아이들에게도 주입되어 끝내 성적 차별이 발생한다는 식으로 현상을 해석했다.

'남자는 자동차, 여자는 인형'이라는 관습을 없애려면 어떻게 해야 할까? 둘을 바꿔야 한다. 여자아이에게 자동차를, 남자아이에게 인형을. 장난감 회사는 이런 변화에 환호했다. 잠재 시장이 2배로 늘어났으니까. 자동차 모형이든 인형이든 고객이 2배로 늘어난다. 장난감 업계에서는 이런 사회 변화로 인해 매출이 아주 많이 증가할 거라 기대했다. 그러나 그런 일은 발생하지 않았다. 일단 남자아이에게 인형을 주려는 과정 자체가 버거웠다. 아이들은 부모가 주는 대로 가지고 놀지 않는다. 아이들도 자신만의 호불호와 취향이 있다. 인형을 받았어도, 자동차 장난감을 사달라고 애원한다. 어른들은 불필요한 선물을 받아도 예의상 고맙다고 말이라도 하지만 아이들은 그렇지 않다. 남자아이들은 인형을 받아도 기쁜 표정을 짓기는커녕 잠깐이라도 인형과 놀지 않는다. 쳐다보지도 않고 구석에 내팽개친다. 이런 결과가 누적되자 장난감 업계에서는 "남자와 여자가 원래 동일하다."라는 입장을 포기했다. 남자아이를 위한 장난감, 여자아이를 위한 장난감을 별도로 만들었고, 남자아이에게 인형 장난감을 팔겠다는 시도 또는 여자아이에게 자동차 장난감을 팔겠다는 시도를 더는 하지 않았다. 물론 이런 현상이 아주 어린 시절부터 고정된 성 역할을 학습한 결과일 수도 있다. 아예 훨씬 아기일 때부터 장난감 선택권이 없으면 이런 차이가 발생하지 않을 수도 있다. 4장에서 자세히 설명할 이스라엘의 집단 농업 공동체 '키부츠kibbutz'에서는 이러한 성별 차이를 방지하고자 아이가 태어나기 전부터 모든 장난감을 구비했고, 아이에게 스스로 장난감을 고를 권리를 주었다. 하지만 남자가 인형을 가지고 노는 일은 벌어지지 않았다. 장난감은 성별이 확연히 구분되는 영역이었다.

성별에 따라 선호하는 장난감에는 차이가 있다. 선천적으로 남자와 여자는 다른 장난감을 선호하는 것인가? 아니면 후천적으로 그렇게 양육되는 것인가? 어린 시절부터 구분 없이 장난감을 가지고 놀더라도, 아이들은 무의식적으로 어른의 영향을 받는다. 선호하는 장난감이 다르긴 한데, 그 이유가 선천적인지 후천적인지는 판단하기 힘들다. 연구자들은 발상을 바꾸었다. 원숭이라면 어떨까? 원숭이들도 암컷과 수컷이 다른 장난감으로 논다면, 이건 선천적인 차이라 할 수 있다. 유인원 전체의 속성으로 볼 수 있다.

하셋Janice M. Hassett, 지베르트Erin R. Siebert, 왈렌Kim Wallen 등의 연구자가 원숭이를 대상으로 장난감 선호를 파악한 연구를 수행했고, 2008년에는 〈Sex differences in rhesus monkey toy preferences parallel those of children〉라는 제목으로 논문을 발표했다. 연구자들은 원숭이가 모여 사는 곳에 자동차 장난

사냥하는 남자 채집하는 여자

감, 인형 장난감 등을 흩어두었다. 이때 암컷 원숭이, 수컷 원숭이들이 어떤 장난감을 가지고 시간을 보내는지를 관찰했다. 이 연구는 한 번만 진행하지 않았다. 여러 연구자가 반복해서 실험했다. 이미 태어난 원숭이는 장난감을 들고 다니는 인간들의 영향을 받을 수도 있다. 그래서 아예 원숭이들이 태어나기 전에 장난감을 늘어놓고, 원숭이들이 태어나서 아기일 때 어떤 장난감을 주로 갖고 노는지도 조사하였다.

실험의 결과는 분명했다. 수컷 원숭이들은 트럭 같은 자동차 장난감을 가지고 놀았다. 암컷 원숭이들은 인형을 더 가지고 놀았다. 그런데 수컷이 자동차 장난감을 가지고 노는 비율, 암컷이 인형을 가지고 노는 비율에서 차이가 있었다. 수컷 원숭이는 자동차를 가지고 보내는 시간이 압도적으로 많았다. 자동차 장난감에 5의 시간을 쓸 때, 인형에는 1의 시간을 썼다. 암컷 원숭이는 인형을 가지고 노는 비율이 높기는 한데, 마찬가지로 자동차 장난감도 가지고 놀았다. 시간 비율은 6:4 정도였다. 암컷은 인형 장난감을 더 가지고 놀기는 하는데, 자동차 장난감도 많이 가지고 논다. 하지만 수컷은 인형 장난감에 그다지 관심이 없었다. 가지고 노는 장난감의 비중 차이는 암컷보다 수컷에서 훨씬 더 컸다.

인간 아이와 비교하면, 사람은 원숭이보다 장난감 선호가 더욱 뚜렷하다. 수컷 원숭이는 자동차 장난감 대 인형 비율이 5:1이라면, 남자아이는 10:1 정도 된다. 암컷 원숭이의 인형 대 자동차 장난감 비율이 6:4라면, 여자아이의 비율은 7:3 정도 된다. 남자아이는 장난감 자동차를 가지고 수컷 원숭이보다 더 오래 놀았고, 여자아이는 인형을 가지고 암컷 원숭이보다 더 오래 놀았다.

장난감에서의 성별 차이, 성별에 따라 다른 장난감을 선호하는 현상에는 사회환경이 끼치는 영향도 무시할 수 없다. 하지만 원숭이에서도 이런 현상이 발생한다. 이를 두고 문화나 관습의 산물이라고 일축할 수는 없다. 결국은 선천적인 차이에서 비롯된 결과라고 볼 수밖에 없다.


## 수학을 둘러싼 통념과 진실

"남자가 여자보다 수학을 잘한다."라는 통념이 있다. 물론 이런 통념을 비판하는 반론도 많다.

"여자는 남자보다 수학을 못한다."라는 사회적 인식이나 통념이 여학생의 수학 공부를 방해한다. 여자가 수학을 잘하면 '여자답지 못하다'는 평가를 들을 수 있으니 수학을 열심히 하려고 하지 않는다. 열심히 하면 충분히 남자처럼 잘할 수 있는데도 말이다.

위의 반론이 타당하든 그렇지 않든, "여자는 수학을 못한다."라는 말 자체가 최근에는 성차별적인 발언으로 인식된다. 하버드대 총장이었던 로런스 서머스Lawrence Henry Summers는 학회에서 이런 말을 했다가 성차별적인 발언이라는 비판을 받아 총장직에서 물러났다. 그렇다면 성별에 따른 수학점수와 관련하여 믿을만한 연구 결과는 없을까?

1972년, 미국 존스홉킨스대학의 스탠리 교수와 아이오와대학의 벤보우 교수는 수학 영재를 양성하기 위한 프로젝트를 시행했다.* 수학은 단순히 노력만 한다고 잘할 수 있는 분야가 아니다. 프로 스포츠 선수처럼 천재적인 재능이 필요한 영역이다. 스포츠는 주위에서 많이 접하다 보니 어려서부터 그 재능이 드러나 어린 나이에도 시작하곤 한다. 그런데 수학 재능은 알아채지 못하는 경우가 많다. 그래서 수학 재능이 있는 아이를 빨리 발견해 수학 영재로 키우고자 이런 프로젝트를 시행했다.

프로젝트의 선발 대상은 12~13세 학생들이었다. 한국으

---

* Benbow, C.P. & Stanly, J.C. *Sex differences in mathematical ability: Fact or artifact?*.(1980). *Sex differences in mathematical reasoning ability: More facts*.(1983).

로 따지면 중학교에 입학했거나 입학을 앞둔 학생들이다. 그 시기의 학생들은 사칙연산을 포함한 기초 산수 지식은 터득했으나 기하, 대수, 논리 등 이른바 '진짜 수학'은 배우지 않았다. 야구 투수로 따지면, 공 던지는 법은 배웠어도 강속구, 커브 등은 배우지 않은 상태이다. 연구자들은 이때가 아이들의 수학 재능을 가장 잘 판단할 수 있을 시기라고 간주했다.

명색이 영재를 찾는 프로젝트이니, 모든 아이를 대상으로 검사할 필요가 없었다. 성적 상위 3%에 해당하는 학생들을 대상으로 했다. 남자와 여자를 동수로 선발했고, 이들에게 대학 입학시험에 출제되는 수리논리 문제를 풀 것을 요구했다. 아직 수리논리를 배우지 않았는데 이런 문제를 풀 수 있다면, 수학 재능이 충분하다고 볼 수 있을 것이라 예상했다. 시험도 1회만 시행하지 않았다. 이후에도 계속해서, 해마다 시행했다. 몇십 년 동안 100만 명이 넘는 학생이 이 시험을 치렀다. 이 프로젝트는 성별 간 수학능력의 차이를 알아보려고 시행된 게 아니다. 하지만 조사 결과를 보니, 성별 간 수학 재능의 차이를 드러내는 자료가 막대하게 쏟아졌다. 이 연구는 수학 영재 육성 프로그램이라는 원래의 취지보다, 성별에 따른 수학 재능의 차이를 드러낸 것으로 유명해졌다.

이 프로젝트에서 남자 실험자의 평균 점수가 여자 실험자보다 조금 높았다. 남자가 여자보다 수학에 재능이 있다는 말 자체는 맞았다. 하지만 점수 차가 그렇게 크진 않았다. 선천적인 차이가 아니라 사회적 압력으로 성별 차이가 나타난다고 볼 수도 있었다. 그 정도 점수 차이로는 선천적인 재능 차이가 있다고 규정하기는 힘들었다.

관건은, 평균이 아니라 분산과 표준편차, 즉 '흩어진 정도'였다. 여성 참가자의 점수는 대체로 평균 점수 근처에 모였다. 분산된 정도가 작았다. 그런데 남자는 평균 점수를 기준으로 크게 흩어져 있었다. 분산된 정도가 컸다. 프로젝트 참가자 전원은 공부를 굉장히 잘한다. 모두 성적 상위 3% 이내에 들었다. 그런데도 남성 참가자의 점수에서는 편차가 컸다. 동일한 조건에서, 여학생보다 높은 점수를 받은 남학생이 많은 만큼 여학생보다 낮은 점수를 받은 남학생도 많았다.

그 시험의 평균 점수는 약 400점이었다. 500점 이상 받은 아이들을 살펴보면 남학생의 수가 여학생보다 2배 많았다. 600점 이상 받은 아이들을 살펴보면 남학생의 수가 여학생보다 4배 많았고, 700점 이상에서는 남학생의 수가 여학생보다 13배 많았다. 성별에 상관없이 평균은 같은데, 높은 점수를 받은 쪽이나 낮은 점수를 받은 쪽이나 남학생이 더 많았다. 그런데 이 실험은 수학 영재를 발견하고자 시행된 프로젝트다. 점수가 평균 이하인 사람들은 수학 영재로 볼 수 없었다. 결과적으로 수학 영재는 여자보다 남자가 훨씬 더 많았다는 뜻이다.

특히 주목할 집단은 700점 이상 받은 학생 그룹이다. 전체 학생을 기준으로, 이 점수를 받은 비율은 0.003%이다. 10만 명 가운데 3명이라는 뜻이다. 이러한 비율은 사회적 환경, 가정교육, 학업 분위기 등으로는 설명할 수 없다. 12~13세 나이에 이러한 수리논리 점수를 받았다는 건 '타고난 재능'이라는 이유 외엔 설명하기 어렵다. 그리고 이런 재능은 학교 시험으로 발견할 수는 없다. 실험 참가자 전원은 학교에서 수학 시험 100점을 당연히 받는 학생들이었지만 학교 시험 이상의 문제를 내자 재능 차이가 드러나게 된 것이다.

남학생은 여학생보다 편차가 크다. 여자보다 수학을 못하는 남자, 여자보다 수학을 잘하는 남자의 수가 많다는 것이다. 그런데 수학은 절대 인원수가 중요하지 않다. 소수의 영재가 이끌어 가는 분야다. 700점이 넘은 남학생들만 학계에서 활동한다면, 이런 분야는 남자들의 세계가 될 수밖에 없다. 그리고 700점 이상 받은 남학생들은 80% 가까이가 훗날 수학, 물리학, 공학 등을 전공했다. 700점 이상 받은 여자들은 47%만 관련 학계로 진출하고 반 이상은 수학이 필요하지 않은 다른 분야로 진출했다. 수학, 물리학, 공학 등에서 남자가 큰 역할을 맡은 주된 이유 중 하나이다. 수학에서 성별 간 평균 점수는 별로 차이가 없으나 성별 간 점수의 편차가 크다는 것, 아주 우수한 인재 중에 남자가 많다는 것. 그것이 이 프로젝트에서 부수적으로 밝혀진 사실이었다.

## 차이의 핵심은 편차

문제는 편차이다. 두 성별이 비슷한 건 평균뿐이다. 남성 간에는 분산, 편차가 굉장히 크다. '수학 천재'도 많으나 '수학 바보'도 많다. 성별 차이의 핵심은 '편차'에 있다. 위 연구는 성별 차이에 대한 전반적인 인식에 영향을 미쳤다.

두 성별의 능력은 같은가? 다른가? 19세기에는 남자의 뇌가 여자보다 크다는 점을 근거로 "남자가 여자보다 유능하다." 같은 주장이 있었다. 그러다 페미니즘 운동이 활발해지며 성별 간의 능력 차이는 거의 없다는 주장이 힘을 얻었다. 여자가 사회에서 두각을 나타내지 못한 이유는, 여성 억압적인 사회문화 또는 관습 때문으로 이해했다. 여자들에게도 능력을 발휘할 충분한 기회가 제공되면 남자처럼 업적을 낼 수 있다고 보았다. 그 증거로 IQ점수, 학력 점수, 기타 능력을 측정하는 지표들이 있다.

남자의 IQ나 여자의 IQ나 평균은 비슷하다. 남자와 동일한 환경에서 측정하면 여자의 점수가 절대로 더 낮지 않다.

최근에는 오히려 여자의 평균 학업 성적이 더 좋다. 다른 능력치를 조사해 봐도 마찬가지다. 여자의 능력은 남자와 동등하다. 차이가 좀 있다고 해도 큰 차이가 아니다. 남자가 조금 더 나을 수는 있어도, 최소한 남자가 무조건 높은 점수를 받았다고 말할 만큼은 아니다. 그러나 현재까지도 남자들이 이른바 '고위직' 대부분을 차지한다. 이를 '능력 차이'로 설명할수는 없다. 이건 남성을 우대하는 사회환경과 관습으로 빚어진 현상이다. 그런데 앞에서 이야기한 것처럼 성별 차이의 핵심은 평균이 아니라 편차에 있다. 평균값은 남자나 여자나 별 차이 없다. 하지만 편차에서는 차이가 난다. 여자는 평균치에 몰려있다. 이상값이 별로 없다. 그런데 남자는 평균에서 넓게 퍼져있다. 평균보다 훨씬 큰 값에 많이 있고, 동시에 평균보다 훨씬 작은 값에도 많이 있다.

우리는 성평등을 이야기할 때 보통 '위'를 보고 의논한다. 기업의 CEO, 이사진, 국회의원, 고위 공무원 등을 기준으로 남자의 비율이 여자보다 많다는 점을 문제로 인식한다. 사회 지도계층에 여성 구성원의 비중이 작다는 점을 근거로, 성평등이 제대로 이루어지지 않았다고 말한다. 그런데 사회에는 이른바 '하류층'으로 집계되는 사람도 있다. 노숙자, 교도소 수감자 등이다. 이들 사이의 성별 비율은 어떨까? 여기서 남자의 비율이 압도적으로 높다. 보건복지부 〈2021년도 노숙인 등의 실태조사〉에 따르면, 2021년 기준 한국 노숙인 인구는 14,404명이다. 그중 여성 노숙인의 비율은 23.2%로, 전체 노숙인의 76.6%가 남성이다. 이러한 격차는 외국에서도 비슷하다. 어느 나라든 노숙자는 대체로 남자이다. 교도소 수감자도 성별에 따라 비중이 다르다. 법무연수원에서 발간한 〈2023 범죄백서〉에 따르면, 2022년 기준 남성 교도소 수용자는 총 48,668명, 여성 교도소 수용자는 총 4,272명이다. 남성 수용자가 여성 수용자의 약 11.5배만큼 많다. 다른 나라도 마찬가지다. 미국 교도소 수감자의 93%는 남성이다. 성평등 지수가 높은 유럽 국가에서도 교도소 수감자 대부분은 남자다.

정말로 성차별이 심하여 남자가 높은 지위를 차지하는 것이라면, 상류층에 남자가 많고 하류층으로 내려갈수록 여자의 비율이 높아져야 한다. 그것이 진정한 의미로 '남성 우대 사회'일 때 나타나는 현상이다. 그런데 현실은 그렇지 않다. 사회의 상류층에 남자가 많은 만큼 사회의 하류층에서도 남자가 많다. 필자는 이런 사회를 단순히 남성 우월사회라고 볼 수는 없다. 오히려 남자는 편차가 크다는 관점으로 설명할 수 있다. 평균보다 훨씬 더 뛰어난 사람, 평균에 훨씬 못미치는 사람 모두 남자가 많다. 보통 사람보다 훨씬 더 많은 업적을 내고 사회 발전에 도움을 준 사람이든 사회에 적응하지 못하거나 문제를 일으키는 사람이든 남자가 여자보다 많다. 키가 특이하게 큰 사람이나 지나치게 작은 사람도 대부분 남자다. 위를 보면 남자가 많긴 하지만 아래를 봐도 남자가 많다. 위만 보고 남자들이 사회를 주름잡고 있다고 단언하면 곤란하다.

최근 학업 성적을 보면 여학생이 남학생보다 좋은 성적을 받는 사례가 증가한다. 남학생은 대체로 성적이 낮고 여학생들이 1, 2등을 다툰다. 이런 결과를 보고 여자들이 평균적으로 더 공부를 잘한다고 보기도 한다. 그런데 여기에는 평균, 편차의 오류가 있다. 평균, 편차에 차이가 있는지를 확인하기 위해서는 점수 제한이 없어야 한다. 아니면 점수 차이가 굉장히 커서, 극단적인 점수를 받기가 굉장히 어려워야 한다. 그래야 제대로 된 평균, 편찻값을 구할 수 있다. 키로 예를 들자면 2m 혹은 2m 30cm처럼 유달리 큰 '이상점(이상값)'이 평균이나 편차를 계산할 때 포함되어야 한다.

그런데 현재 학업 성적의 평균, 편차를 측정할 때는 높은 점수가 측정 과정에서 제외된다. 아래로는 0점이 있지만, 0점을 받는 학생은 거의 없으니 큰 문제가 안 된다. 그런데 높은 점수는 아무리 높아봤자 100점이 한계다. 아무리 수학을 잘해도 100점 이상은 안 된다. 조금 잘해도 90점은 받을 수 있는데, '수학의 천재'라 하더라도 90점보다 고작 10점 높은 100점밖에 받을 수 없다면, 편차는 제대로 측정되지 않는다. 조금 잘하는 사람이 90점을 받고, 정말 잘하는 사람이 200점 또는 300점까지 받을 수 있을 때 제대로 된 편차치가 측정될 수 있다. 대학 성적도 마찬가지이다. 현재의 성적 측정 방식으로는 편차치가 굉장히 높은 '우수한 사람'을 발견할 수가 없다. 그리고 평균보다 조금 높은 수준에는 여자가 남자보다 훨씬 많다. 여자가 남자보다 더 좋은 성적을 받는 듯이 보이는 것이다.

학교 밖 사회에는 이런 '상한선'이 없어진다. 연봉에는 상한선이 없다. 기업의 실적도 상한선이 없다. 학계든, 정계든 상한선이란 없다. 이때는 편차치가 높은 남자가 두각을 나타낸다. 평균적인 사람보다 편차가 큰 이상점에 속한 사람, 평균보다 훨씬 많이 노력하는 사람이 사회에서 큰 활약을 한다. 그리고 이런 특이한 사람, 평균을 벗어난 사람 중에 남자가 훨씬 많은 것이다. 반대로 이상한 사람, 평균 아래쪽으로 벗어난 사람도 역시 남자가 많다. 사회의 상단과 하단을 대부분 남자가 차지하는 것이다.

남자와 여자는 평균적으로 비슷하다. 하지만 남자가 편차가 훨씬 더 크다. 남녀 차이의 핵심은 바로 편차다.

# 서머스 총장의 사임

2005년 1월, 미국 매사추세츠 케임브리지대학교에서 전미 경제연구소National Bureau of Economic Research 콘퍼런스(학술회의)가 있었다. 미국에서 유명한 경제학자 50여 명이 모인 콘퍼런스였다. 그날 회의 주제는 '과학 연구에서의 다양성'이었다. 여성, 소수자 연구자들의 과학 활동이 주제의 초점이었다. 여성, 소수자들이 과학계에서 경력을 쌓는 것과 관련된 내용으로 발표하고 토론했다. 회의는 비공개로 진행됐다. 관계자만 참석했고, 비관계자나 언론인에게 개방된 자리는 아니었다. 학회 세미나는 보통 이렇게 진행된다. 미리 등록하거나 초청 받은 전문가만 그 자리에서 참석하고 발표하며 토론한다.

이 콘퍼런스의 한 세션에서, 로런스 서머스 하버드대학교 총장이 참석해 발언했다. 서머스는 원래도 저명한 경제학자였다. 경제학자로서 경제학회에 참석해 발언한 것이었다. 서머스 하버드 총장이 발언한 내용은 세 가지였다.

첫째, 과학과 공학 분야에서 높은 지위에는 남자가 많고 여자가 적다고 이야기했다. 해당 분야에서 높은 지위를 얻기 위해서는 일주일에 80시간 이상 일을 해야 하는데, 여성 종사자는 그만한 시간을 내지 못한다. 아이를 키우는 여성은 자기 시간을 연구에 할애하지 못한다. 그로 인해 여성이 해당 분야에서 고위직으로 오르지 못했다.

둘째, 고등학생들의 수학점수 분포를 이야기했다. 고등학생들의 수학점수 분포를 보면 남자는 여자보다 편차가 컸다. 여학생이 평균에 몰렸다면 남자는 고득점과 저득점에 분포했다. 이는 두 성별의 선천적인 차이일 수도 있겠다고 말했다.

셋째, 미국 일류 대학의 과학 및 공학 계열 교수계에는 분명 남자가 많고 여자가 적다고 발언했다. 그런데 이것이 성차별인지는 의문이라고, 로런스 서머스 총장은 되물었다. 서머스의 발언을 듣던 MIT 낸시 홉킨스Nancy Hopkins 교수는 도중에 회의장을 나섰다. 서머스가 성별에 따른 수학점수의 차이를 선천적인 이유와 결부하자 낸시 홉킨스 교수는 분노를 표했다. 그리고 언론 잡지와의 인터뷰에서 서머스를 비판했다.[*]

"두 성별의 수학점수 차이는 선천적인 차이에서 비롯된 것"이라는 서머스의 발언이 외부에 공개되자 그는 엄청난 비난에 시달린다. 하버드대학 교수들의 성토가 이어지고, 스탠퍼드, 프린스턴, MIT의 총장들이 공동으로 서머스 총장을

---

[*] 《뉴욕타임스》, 〈"Harvard Chief Defends His Talk on Women"〉, [https://www.nytimes.com/2005/01/18/us/harvard-chief-defends-his-talk-on-women.html] (2005.01.18.)

비판하는 기고문을 발표했다. 당연히 언론과 사회단체에서도 서머스를 공격했다. "서머스는 남자가 선천적으로 여자보다 뛰어나다고 보는 차별주의자이고, 이런 사람을 하버드대학 총장으로 두는 것은 부적절하다."라는 식의 비난이 들끓었다.

서머스는 몇 번이나 사과했다. 그 회의는, 과학 및 공학 분야에서 여성과 소수자의 지위 향상을 논의하는 자리였다. 그는 회의에서 논쟁할 수 있는 주제를 던지는 게 필요하다고 보았고, 그런 논점을 제시했을 뿐이라고 방어했다. 하지만 "하버드 총장은 성차별주의자"라는 비판에서 벗어날 수는 없었다. 결국 서머스는 하버드대학 총장직을 그만두었다.

이 사건은 이후 미국 학계에 엄청난 영향을 끼친다. 그런데 서머스 총장의 발언이 과연 성차별적인 발언이었을까? 일단, "아이를 키우는 여성은 주당 80시간 이상 연구를 하지 못하여 고위직에 오르지 못한다."라는 언급을 검토하자. 학계의 요직은 좋은 논문을 많이 쓴 사람에게 허락된다. 물론 '정치력'도 필요하지만, 그건 좋은 논문을 여럿 제출한 사람들끼리 경쟁할 때 필요하다. 좋은 논문이 없으면 아예 리그 위에 올라설 수도 없다. 미국 명문대 정교수직을 차지하기 위해서는 1년에 4~5편의 논문을 제출해서 좋은 학회지에 실려야 한다. 이런 실적을 내기 위해서는 '주당 80시간'을 연구에

투자해야 한다. 유명 대학을 나온 사람들끼리 그 시간을 투자해야 그런 실적을 낸다. 중간에 다른 일, 특히 아이를 돌보면 연구에 할애할 시간이 그만큼 사라진다.

가장 문제가 되었던 건 두 번째 발언이다. "수학점수에서 고득점을 받는 사람이나 저득점을 받는 사람의 수는 남자가 여자보다 많다."라는 발언은, 학계에서 오랫동안 당연하게 여긴 사실이다. 이는 문화나 관습의 결과로 일축하기 어렵고 선천적인 차이에서 기인한다는 이야기도 오래전부터 다루어졌다. 관계자가 아니라면 "두 성별은 선천적으로 다르다."라는 말에 거부감을 느낄 수 있겠으나 학계에서는 한참 전부터 나돌던 이야기였다. 그런데 이 말 때문에 서머스가 총장직에서 퇴임했다.

무엇보다, 서머스 총장이 발언한 장소는 비공개 콘퍼런스였다. 학회에서 무슨 발언을 하든 관대하게 받아주는 것이 암묵적으로 합의된 학계 규칙이다. 학회는 원래 다양한 이야기, 특히 비판을 듣기 위한 자리다. 학회에서는 비판하고 비난하며 잘못을 들춘다. 그런데 그런 장소에서의 발언을, 비공개 콘퍼런스라는 조건을 모를 리 없는 낸시 홉킨스 교수가, 외부에 유출하여 사건이 크게 비화했다.

서머스는 학계에서 굉장히 유명한 사람이었다. 그런데도 성차별적 발언을 했다는 이유로 물러났다. 그럼 다른 학자,

교수가 이런 말을 공개적으로 떠들면 어떻게 될까? 그들도 언제 어떻게 교수직을 그만두게 될지 모른다. 이전에는 성별 간 차이가 있다는 결론이 나오면, 있는 그대로 발표할 수 있었다. 학계 안에서 발표하고 이야기하며 논의했다. 하지만 서머스 총장의 사퇴 이후 달라졌다. 학계에서의 발표와 논의로 인해 연구자 개인이 피해를 입는다. 성차별주의자라는 비판에 시달리고 직장에서 해고될 수 있다는 가능성이 열린 것이다. 그렇게 학계의 '자기검열'이 점차 심해진다. 성차가 존재한다는 연구 결과를 도출해도, "다르긴 하여도 큰 차이는 아니다, 다르긴 하여도 큰 의미는 없을 수 있다, 다르긴 하지만 사회적 영향을 배제할 순 없다."라는 식으로 서술한다. 성차별주의자라는 비판이 나올 여지가 있다면 빠져나갈 방도를 만드는 것이다.

학술지가 아닌 학부생 대상의 교재에서는 이런 현상이 더욱 두드러지게 나타난다. 같은 저자의 책이 처음 출간될 때는, 성별 간 차이를 이야기했다. 이후 개정판에서는 "성별 차이는 크지 않다."라는 식으로 문구가 바뀌고, 훗날 재개정판을 출간할 때는 "두 성별은 원래 같다."라고 바꾸거나 해당 문구를 아예 삭제한다. 학계에서도 성차를 노골적으로 의논하기 어려운데, 대학생에게 "두 성별은 다르다."라고 말하면 논란에 휩쓸릴 수 있기 때문이다. 그래서 대학 교재에서 "남자와 여자의 차이는 없다."라고 언급한 구절은 그리 믿을 바가 못 된다고 생각한다. 학부생 교재 수준에서는 대놓고 차이가 있다는 말을 서술하기가 힘들다. 현재 학자들의 글은 이런 맥락의 자기검열을 거쳤다는 점을 알고 읽어야 한다.

## 여학생이 남학생보다 성적이 우수한 이유

유치원, 초등학교에서 모든 학생을 똑같은 교실에서 가르치는데 결과는 성별에 따라 다르게 나타난다. 여학생이 상대적으로 수업을 잘 따라오고 성적도 더 좋다. 이는 중등학교에서도 똑같이 나타나는 현상이다. 어느 한 문화권, 국가에서만 나타나는 현상도 아니다. 세계 모든 국가에서 나타난다. 성차별이 개선된 국가, 성평등이 어느 정도 달성된 국가에서는 보통 여학생이 남학생보다 성적이 좋다. 반에서 성적이 좋은 학생, 학교에서 성적이 좋은 학생의 대다수가 여학생이다.

그러면 여학생의 성적이 더 좋은 이유는 무엇일까? 진화심리학의 관점에서 여러 이유를 답할 수 있다. 우신 여학생은 남학생보다 뇌가 빨리 발달한다. 특히 언어 영역에서 발달이 빠르다. 여자는 만 3~4세에 대체로 말을 할 줄 안다. 교

**155**

사가 무슨 말을 하는지도 모두 이해할 수 있다. 하지만 남자는 만 4세에도 말을 제대로 하지 못하는 사례가 많다. 교사의 말을 제대로 알아듣지 못한다. 현대 교육의 중심은 '언어'이다. 언어능력이 상대적으로 높은 여학생이 유치원 시절부터 교육을 더 잘 따라갈 수밖에 없다.

남성이 가만히 있기 힘들어한다는 점도 학업에 영향을 미친다. 앞에서 언급했듯이 남자는 아무것도 하지 않고 가만히 있기를 어려워한다. 그런데 수업시간에는 학생들이 가만히 자리에 앉아야 한다. 제자리에 앉아서 교사의 이야기를 듣는 것. 그것이 대부분의 수업에서 학생들이 하는 일이다. 남학생의 대다수가 가만히 앉아 있어야 하는 수업 방식을 어려워하고, 따라서 성적도 상대적으로 나쁘다.

수업 내용도 여학생이 잘하는 부분에 초점을 두었다. 청소년기에 이르면 남학생의 뇌도 여학생의 뇌를 따라잡는다. 가만히 자리에 앉기가 힘들다 하여도, 습관처럼 익숙해지면 그리 큰 문제가 될 수 없다. 하지만 학교 교육과정이 여학생의 장점에 중점을 두었기에 여학생의 성적이 높게 측정된다. 우선 교육과정은 '읽고 말하기'를 무척 강조한다. 한국에서 가장 중요한 교과목은 국어·수학·영어인데, 국어와 영어는 '읽고 말하는' 과목이고 다른 과목들도 기본적으로 독해력을 요구한다. 여학생의 뇌는 남학생의 뇌보다 언어를 담당하는 영역이 크다. 뇌 연구에서 여자의 언어능력이 상대적으로 우월하다는 건 학계에서 일관되게 입증한 사실이다. 언어능력을 중시하는 교육과정에서 여학생의 성적이 좋은 건 당연하다.

이런 선천적인 차이 외에도, 그야말로 문화와 관습 때문에 여학생의 성적이 높게 측정된다는 연구 결과도 있다. 가령 여성 교사의 비율이 훨씬 높다는 점을 고려해야 한다. 여성 교사가 의도적으로 성차별을 하는 건 아니다. 그러나 여학생은 남학생보다 빠르고 정확하게 여성 교사의 말투, 언어, 사고방식을 '감지'한다. 교사의 말투와 표정을 읽어 그의 의도를 제대로 파악할 수 있다. 반면에 남학생은 상대적으로 교사에게 밉보일 확률이 높다. 교육심리학에서 교사의 기대가 커질수록 학습자의 성적이 향상되는 현상을 '피그말리온 효과Pygmalion effect'라 부른다. 교사 입장에서는 자신의 의중을 금방 알아채는 여학생보다 상대적으로 그렇게 하지 못하는 남학생이 문제적인 집단으로 보인다. 피그말리온 효과로 인해 성별에 따라 성적이 달라질 수 있다는 것이다.

교과목의 내용도 여학생에게 유리하다. 학교에서 활용하는 소재나 내용이란 화목하게 지내자는 교훈, 서로를 이해하자는 메시지, 아름다운 소설 또는 일화가 주를 이룬다. 이런 소재에 관심을 가지는 쪽은 대체로 여학생이다. 남학생은 크

**157**

게 흥미를 느끼지 못하는 내용을, 본인에게 불리한 과목에서 학습한다. 그러니 남학생이 여학생보다 성적이 낮을 수밖에 없다. 만약 국어 교과서의 내용이 로봇의 기능, 자동차의 종류, 게임, 축구 경기 등으로 구성된다면 어떻게 될까? 많은 남학생이 공부라 생각하지 않고 재미를 느끼며 읽을 테니, 성적이 올라갈 수도 있다.

학교 점수에는 상한선이 존재한다는 점도 고려해야 한다. 남자는 여자보다 편차가 크다. 남자 중에는 소수의 뛰어난 학생이 존재한다. 일부가 굉장히 높은 점수를 받아 남자 전체의 평균 점수를 끌어올리는데, 학교에서는 100점이라는 상한선이 그어져 있다. 아무리 공부를 잘해도 100점이 한계다. 점수에 상한선이 없거나 상한선이 굉장히 높은 시험을 치른다면, 남자의 평균 점수도 여자만큼은 나올 것이다. 하지만 현재 교육평가 구조에선, 적당히 노력하면 상한선 근처에서 점수를 받을 수 있으니(100점 만점에서 90점을 받을 수 있으니) 여학생의 평균 점수가 더 높게 측정된다.

즉 여자가 남자보다 학업 성적이 높은 이유는 선천적인 차이, 교육내용과 방식 등이 어우러진 결과로 보아야 한다.

# 나의 소득, 가족의 자산

사회과학에서는 사회계층을 중요한 주제로 연구한다. 어떤 사회든 구성원은 상층－중층－하층으로 분류된다. 그렇다면 사람들은 무엇을 기준으로 본인이나 타인의 계층을 인식할까?

과거 신분제 사회에서는 신분에 따라 구별되었다. 조선은 양반, 상민, 노비로 구성원을 구분했다. 서구 중세 봉건사회는 귀족과 농노, 도시민 등으로 구분했다. 근대화가 진행되면서 평등 이념이 확산된 후 법적 신분제는 사라지거나 유명무실해졌다. 하지만 사람들은 '계층 의식'을 완전히 버리지 못했다. 자신이 어느 계층에 속하는지를 인지하고, 그런 인식은 사회생활에도 영향을 미친다. 현대 사회에서는 무엇을 기준으로 사회 구성원이 자신의 계층을 인식할까?

야마다 마사히로山田 昌弘는 《패러사이트 싱글의 시대》란 책에서, 미혼의 청년 집단을 대상으로 자신의 계층 의식에 영향을 미치는 요소가 무엇인지 조사한 결과를 소개했다. 조사 대상자에게 본인이 상·중·하 가운데 어디 계층에 속하는지 물어보고, 대상자들의 학력·소득·가족관계 등을 조사했다. 이런 자료를 모아 통계 분석을 실시하자 어떠한 요소가 대상자의 계층 의식에 영향을 미치는지 알 수 있었다.

미혼 남성 집단에서는 자신의 소득 수준이 본인의 계층 의식에 가장 큰 영향을 미쳤다. 학력이나 가구 소득은 계층 의식에 영향을 덜 끼쳤다. 물론 가구 소득이 많거나 학력이 좋으면 계층 의식을 높게 인식하긴 했다. 그러나 자신의 소득 수준이 미치는 영향력만큼은 아니었다. 미혼 남자에게 가구 소득은 부모의 소득을 의미한다. 즉 남성은 자신의 소득 수준이 가정의 소득 수준보다 중요했다. 가정 형편이 어려워도 자신의 수입이 많으면 본인을 상류층으로 인식하는 경향이 발견됐다. 반대로 가정이 부유해도, 막상 자신의 수입이 부족하거나 없으면 상류층으로 인식하는 정도가 낮았다. 결론적으로, 미혼 남자의 계층 의식에 가장 중요한 기준은 '자기 자신'이다. 본인이 어떻게 하냐에 따라 계층이 결정된다고 인식하는 것이다.

　이와 달리 미혼 여성 집단에서는 여성 본인의 소득 여부는 자신의 계층 의식과 관계가 없었다. 자신의 소득 수준은 계층 의식에 별다른 영향을 끼치지 못했다. 오히려 가계 소득이 큰 영향을 끼쳤다. 즉 부모님이 돈을 얼마나 많이 버는지, 가정 형편이 얼마나 좋은지가 중요했다. 가정이 부유하면 본인을 상류층으로, 가정이 가난하면 본인을 하류층으로 인식했다. 그런데 그 정도가 꽤 강했다. 여성은 가구 소득이 자기 계층 의식에 영향을 미치는 정도가, 남성이 자기 소득이 중요하다고 인식하는 정도보다 3배나 컸다. 남성이 개인 소득이 중요하다고 인식한 수준보다 훨씬 높은 수치로 가구 소득을 중시한 것이다.

가구 소득 다음으로 중요한 요소는 학력이었다. 학력이 좋으면 상류층으로 생각하고 학력이 나쁘면 중하류층으로 생각한다. 명문 대학을 나오면 본인을 상류층이라고 생각하고, 나쁜 대학을 나오면 그런 경향이 적어진다는 뜻이다. 흥미로운 건 여성에게 본인의 소득은 계층 의식에 큰 영향을 끼치지 못했다는 점이다. 즉 명문 대학을 나오고 지금 직장이 없어 돈을 벌지 못한다 해도, 가구 소득 수준이 좋으면 본인을 상류층으로 생각한다는 뜻이다.

결론적으로 여성은 본인의 배경을 기준으로 자신의 계층을 의식한다. 집안, 학력이 중요하다. 자신의 상태는 그다지 중요하지 않다. 이런 경향은 결혼한 이후에도 비슷하게 나타난다. 기혼 여성은 미혼 여성과 마찬가지로 가구 소득을 기준으로 계층 의식을 형성한다. 결혼 전 가구 소득은 부모님의 소득이 되고, 결혼 후 가구 소득은 남편의 소득이 중요한 비중을 차지한다. 즉 기혼 여성은 남편이 얼마나 돈을 버는지를 기준으로 자신이 소속된 계층을 판단한다.

여성이 결혼을 결정할 때 상대방의 경제 상황을 중시하는 이유 중 하나도 이런 경향에서 비롯된 것이라 본다. 남자는 결혼할 때 본인과 상대방이 중요하다. 남자의 소득 수준보다 남자의 경제 상황이 더 중요할 수 있다. 만약 지금 본인은 상류층인데, 결혼할 남자 집안이 하류층이면 결혼 이후 자기도 하류층으로 떨어진다고 가정해 보자. 그러면 그것을 커버할 수 있을 정도로 남자가 앞으로 더 많은 소득을 올릴 수 있어야 한다. 그렇지 않으면 자기는 결혼 때문에 꼼짝없이 추락한다고 느낄 것이다.

이런 기준 차이는 다른 면에서도 영향을 미친다. 남성이 직장에서 퇴직하거나 실직을 하면 상실감이 크다. 본인 소득이 없으니 계층이 하락했다고 느낀다. 집에 재산이 있고, 아내가 따로 수입을 벌어온다고 하더라도, 남편의 상실감은 사라지지 않는다. 남자는 본인의 무능함을 자책하며 자존감을 잃어버린다. 하지만 여성은 그렇지 않다. 소득이 없다는 점만 문제일 뿐, 체감상 변하는 건 크게 없다. 집에 재산이 있고, 남편이 수입을 벌어온다면, 자신의 실직 자체는 큰 문제가 아니다. 자존감에도 큰 문제가 생기지 않는다.

사람은 누구나 계층 상승을 꿈꾼다. 그런데 남자와 여자는 자신의 계층을 인식하는 방법과 기준이 다르다. 이런 부분에서도 두 성별의 차이를 엿볼 수 있다.

# 여자의 투자 수익률이 높은 이유

캘리포니아주립대학의 브래드 바버Brad M. Barber와 테런스 오딘Terrance Odean은 2001년에 〈Boys will be Boys: Gender, Over-confidence and Common Stock Investment〉라는 논문을 발표했다. 제목에 'Boys will be boys'나 'gender' 등의 표현이 있다. 말 그대로 주식투자에서의 성별 차이를 연구한 논문이라 많은 논란에 휩싸였다.

투자, 특히 주식투자는 전통적으로 남자의 영역이었다. 한국에서도 부동산투자는 대체로 여성이 주도하였으나 주식투자만큼은 보통 남자의 영역으로 간주했다. 그런데 이 논문은 주식투자에서 여자가 남자보다 더 많은 수익을 올린다는 점을 보여주었다. 남자와 여자의 차이를 본격적으로 연구했다는 점, 그리고 일반 상식과 달리 여성이 더 뛰어난 투자자라고 이야기하는 점이 해당 연구의 주요한 화젯거리였다. 연구자들은 증권사의 도움을 얻어 6년 동안 거래된 35,000개 증권 계좌를 조사했다. 어떻게 생각하는지를 묻는 설문조사가 아니라, 직접 거래가 이루어진 계좌를 조사했다는 점에서 다른 연구와는 차별화된다. 그리고 6년 동안의 장기간 거래를 대상으로 연구했고, 35,000건의 실제 계좌를 분석했다. 따라서 해당 연구의 신뢰도는 의심하기 어렵다.

연구 결과를 살피면, 거래횟수는 남자가 더 많았다. 남자는 여자보다 주식 거래횟수가 45% 더 많았다. 여자가 100번 거래하면 남자는 145번 거래했다는 뜻이다. 기혼 남성보다 미혼 남성이 더 많이 거래했다. 미혼 남성은 미혼 여성보다 67% 거래를 더 많이 했다. 거래를 많이 하면 어떤 일이 벌어질까? 일단 거래 비용이 증가한다. 주식 거래 수수료가 증가하니, 실제 이익과는 별개로 거래 비용만으로도 남자의 수익률은 2.65% 떨어진다. 반면, 여자는 거래 비용으로 수익률이 1.72%만 떨어졌다. 거래 비용 때문에 남자는 여자보다 수익률이 1% 낮은 셈이다. 투자의 세계에서 1%는 굉장한 차이이다. 기준 금리가 0.5%만 변화해도 투자, 금융계는 요동을 친다. 펀드매니저는 종합주가지수보다 1% 더 좋은 수익률을 올렸는지 아닌지로 본인의 실력과 승패를 증명한다.

남자는 여자보다 훨씬 더 많이 거래해서 수익률을 까먹는다. 하지만 거래 수수료로 수익률에서 손해를 보더라도, 거래 자체에서 더 많은 이익을 얻으면 상관없다. 그러면 계좌 35,000개를 분석했을 때 남자의 거래 수익과 여자의 거래 수익은 어떤 차이가 있었을까? 거래 수익 자체에서는 차이가 없었다. 즉 남자가 여자보다 더 잘 오를 주식을 선택하는 것도 아니고, 여자가 남자보다 더 잘 선택하는 것도 아니다. 어떤 주식을 선택하는지, 그리고 언제 사고팔고 하는지에는 유의미한 차이가 없었다. 주식의 수익률 자체는 남자나 여자나 동일했다. 그런데 남자는 여자보다 훨씬 더 많이 거래했고, 그러다 보니 주식 거래 비용이 더 많이 소요됐다. 결국 거래 비용의 차이만큼 여자가 남자보다 이익을 얻었다. 여자가 남자보다 주식투자에서 1% 더 높은 수익률을 내고 있었다.

주식 종목 선정에서 성별에 따라 차이가 있기는 했다. 남자가 고른 주식이 여자가 고른 주식보다 위험성이 높았다. 주식에서 위험성은 변동성으로 측정된다. 주식 가격이 큰 폭으로 오르내리면 위험성이 높다고 하고, 주식 가격이 작은 폭으로 오르내리면 위험성이 낮다고 한다. 평균 10,000원 주식이 9,000~11,000원 사이에서 변동하면 위험성이 상대적으로 낮다고 보고, 평균 10,000원 주식이 7,000~13,000원 사이에서 변동하면 위험성이 높다고 본다. 여성은 위험성이 낮은 주식을 더 많이 가지고 있었고, 남자들은 위험성이 더 높은 주식을 가지고 있었다. 위험성, 변동성이 크다 하더라도 평균 수익률이 달라지는 건 아니었다. 여자는 1,000원 손해를 보는 사람이 있고 1,000원 이익을 보는 사람이 있는 것이다. 남자는 3,000원 손해를 보는 사람이 있고 3,000원 이익을 보는 사람이 있다. 남자는 손실과 이익의 폭이 크지만, 평균 수익률은 여자와 동일하다. 남자가 위험성이 높은 주식을 더 많이 가지고 있는데 평균 수익률이 여자와 동일하다면, 남자는 주식으로 큰돈을 버는 사람이나 큰돈을 잃은 사람이 여자보다 더 많다는 사실을 알 수 있다.

평균 수익률은 동일한데, 남자가 여자보다 위험성 내지는 변동성이 높은 주식을 많이 보유한다. 이 사실은, 위험을 대하는 태도가 성별에 따라 다르다는 점을 가리킨다. 남자는 여자보다 위험을 감수하려는 경향이 크고, 여자는 남자보다 안정을 지향하고 위험을 회피하려는 경향이 크다는 뜻이다. 위험을 회피하는 경향이 강하면 주식투자를 아예 안 한다. 주식투자를 하기 위해서는 어느 정도 위험을 감수하기로 각오해야 한다. 그런데 여성은 위험을 감수한다고 하더라도 남자보다는 덜하다는 것이다.

결국 이 연구는 두 가지 사실을 증명했다. 첫째, 남자는 여자보다 거래를 많이 한다. 둘째, 남자는 여자보다 위험성, 변동성이 높은 주식을 매수한다. 여성이 남성보다 위험 회피 경향이 강하고 안전을 중시한다는 사실은 많이 알려진 바다. 그런데 남성은 왜 여성보다 더 많이 거래할까? 해당 연구의 저자들은, 그 이유로 '남성의 지나친 확신'을 꼽았다. 나쁘게 말하면 '남자의 자만심'이 결과에 영향을 미쳤다고 보았다. 주식 거래는, 내가 지닌 주식의 주가가 올라가거나 내려갈 거라고 확신했을 때만 한다. 어떻게 될지 잘 모르겠을 때에는 사거나 팔지 않는다. 남자가 여자보다 더 많이 주식을 거래했다는 건 남자가 여자보다 주식의 변동 여부에 확신한 정도가 컸다는 이야기이다. 같은 조건과 같은 상황에서, 남자는 여자보다 "앞으로 주가가 바뀔 것이다."라고 크게 확신했다는 것. 이것이 거래 빈도의 차이로 나타났다.

그렇다면 남성들의 '확신'은 타당했을까? 남자의 확신과 판단이 타당했다면 남성의 수익률이 높아야 했다. 그런데 두 성별의 수익률에는 차이가 없었다. 이 말은 남성의 확신, 판단이 잘 맞지 않았다는 뜻이다. 제대로 맞았다면 남성은 여성보다 더 높은 수익률을 냈을 것이다. 결국 남성은 여성보다 확신 또는 자신감을 갖고 행동한다. 그런데 이 확신이 실제 현실과는 맞지 않으니 '지나친 확신'이나 '자만심'이라 해야 할 것이다. 이러한 남성의 특성은 투자의 세계에서만 적용되는 건 아닐 것이다. 보통의 남성은 여성보다 자만하는 편이다.

## 외모는 내 월급을 바꾼다

필자는 이전에 교수였다. 교수는 학생들에게 취업 지도를 한다. 그런데 취업 지도를 조금만 해보면, 불편한 사실을 알게 된다. "취업에 무엇이 중요한가?"라는 질문에, 학벌·학점·자격증·영어점수·면접 태도·기타 경력 등을 이야기한다. 그런데 취업 지도를 하다 보면, 이런 것들보다 더 중요한 게 하나 있다는 걸 실감한다. 바로 여학생의 외모다.

외모가 좋은 여학생은 취업이 잘된다. 특히 좋은 기업, 대기업의 경우에는 거의 100% 예쁘다고 생각되는 여학생이 취업을 했다. 외모가 떨어지는 여학생이 취업이 안 되는 건 아니다. 결국 취업을 하긴 하는데, 외모가 좋은 여학생이 좋은 기업에 취업하는 경우가 압도적으로 많다. 여기에는 학점, 영어 성적도 중요하지 않았다. 학점, 영어 성적이 좋으면 더 좋은 기업에 취업할 수 있지만 학점, 영어 성적이 나쁘다고 해도 어쨌든 다른 학생들보다 더 빨리, 더 좋은 기업에 취업하는 건 변함이 없었다.

대학에서 학생 취업 지도를 몇 년 하다 보면, 여학생의 경우 취업에 가장 중요한 것은 외모라는 사실을 부인할 수 없게 된다. 그러나 그렇다고 학생들에게 외모가 중요하다고 말할 수는 없다. 좋은 데 빨리 취업하기 위해서는 외모가 좋아야 한다고 말하는 순간 어떤 일이 벌어질지 모른다. 이전에는 남자 교수가 그런 말을 하면 안 되었지만 여자 교수, 여자 조교는 할 수 있었다. 하지만 요즘은 여자 교수, 조교들도 학생들에게 그런 말을 할 수 없다. 학생들이 당장 성차별이라 비판하고 문제를 제기한다. 그러다 보니 늘 고민했었다. 상대방이 인정하지 않고, 듣는 이가 상처를 받는다고 하더라도, 필자가 목격하고 겪은 현실을 그대로 말하는 게 좋을지 아니면 함구하는 게 좋을지 말이다.

이렇듯 사회적 성공과 외모가 밀접한 상관관계가 있다는 생각은 필자 개인의 판단에 불과할까? 아니면 과학적으로 증명된 이야기일까? 대니얼 해머메시Daniel Selim Hamermesh가 집필한 《미인 경제학》이라는 책이 있다. 2011년에 발간(원서 기준)된 도서로, 외모가 사회적 성공에 어떻게 영향을 미치는지를 분석한 책이다. 책에서 저자는 (사회적으로) 외모가 좋다고 평가받던 여성이 그렇지 않은 여성보다 얼마나 더 많은 돈을 버는지 등을 조사했다. 사실 외모 기준은 사람마다 편차가 있다. 그래서 많은 사람에게 사진을 보여준 후 그 외모를 평가하는 방식을 사용해 수집했다. 5점 척도로, 평가자들은 외모에 따라 평가하였다. 아름답다고 생각할수록 높은 점수를 주었고, 평균 점수를 해당 여성의 연봉과 비교했다. 결과는 사회적 통념과 일치했다. 사회적으로 예쁘다고 인정받은 여자, 외모가 좋은 여자가 더 높은 연봉을 받았다.

5점 척도로 외모를 평가했고 평균 점수는 3점이다. 4~5점을 받아 외모가 평균보다 높다고 평가받은 여성의 경우, 평균 3점을 받은 여성보다 연봉이 8% 정도 높았다. 같은 직종에 종사하고, 같은 업무를 하며, 경력도 동일할 때 이런 차이가 났다. 즉 외모가 좋은 여성이 다른 여성보다 8% 수입이 높았다는 뜻이다. 반대로 외모가 평균보다 못생겼다고 여겨지는 1~2점 여성은 평균 수입보다 4% 정도 적은 수입을 벌었다. 결국 외모가 좋은 여자와 외모가 안 좋은 여자 사이에는 평균 12% 정도의 임금격차가 있다. 이 차이는 1년 기준이다. 20년 또는 30년간 이런 차이가 누적된다고 하면 격차는 상당히 커진다.

이른바 사회적 미美 조건에 부합하는 여성을 우대하는 것은 성차별 문제로 볼 수 있다. 그러면 외모 차이에 따른 임금 격차는 여성에게서만 나타나고 남성에게는 나타나지 않는 것일까? 현실적으로는 남성에게서도 외모 차이에 따른 임금 격차가 발생한다. 《미인 경제학》의 저자는 남성을 대상으로도 동일 연구를 진행했다. 외모 점수가 4~5점으로 평균보다 좋은 외모를 가진 남성은 평균 외모의 남성보다 4% 정도 수입이 많았다. 외모가 좋은 여성은 평균 여자보다 8% 수입이 높았는데, 그 비율이 남성은 4%였다. 좋은 외모는 남성보다 여성에게 더 큰 이익을 준다는 의미였다. 문제는 그다음이다. 외모 점수가 1~2점인 남성은 평균 점수의 남성보다 수입이 13% 적었다. 외모 평가가 안 좋은 여성은 (동성 집단과 비교해서) 수입이 4%가 적었는데, 외모 평가가 안 좋은 남성은 그 격차가 13%나 되었다. 외모가 좋은 남성과 외모가 안 좋은 남성의 임금격차는 17%가 된다. 여자는 이 차이가 12%였다.

결국 사회에서 외모로 인해 제일 차별받는 집단은, 사회적으로 못생겼다는 평가를 듣는 남성이다. 그런데 못생긴 남자들은 왜 이렇게 수입이 떨어질까? 못생겼다고 일을 더 못하는 건 아니다. 같은 직장에서 같은 일을 하는데, 못생겼다는 이유로 월급을 적게 주는 것도 아니다. 협상으로 연봉을 정할 때, 외모가 영향을 주기는 하겠지만 못생겼다는 사유로 연봉을 낮출 리도 없다. 그런데도 못생긴 남자들이 수입이 낮은 이유는, 취업 자체에 실패하거나 포기하는 경우가 많기 때문이다. 연봉이 좋은 기업에는 취업 자체가 힘들다.

외모 차별 문제는 성별에 따라 다르게 나타난다. 여성은 예쁜 여성이 우대를 받는데, 남성은 못생긴 남성이 차별을 받는다. 여성은 예쁘지 않아도 자기 삶을 가꿀 수 있다. 이와 달리 못생긴 남성은 취업이 어렵고 사회생활에서 어려움을 겪는다. 아예 사회적으로 배제되는 경우도 많고, 사회에서 자취를 감출 수도 있다. 보이지 않으니 못생긴 남자가 외모로 인해 차별받는다는 사실 자체가 잘 알려지지도 않는다.

사회에는 외모 차별이 실재한다. 그런데 이 외모 차별의 가장 큰 희생자는 못생긴 남자다. 《미인 경제학》은 우리의 통념과는 달리 남자가 외모 때문에 더 큰 차별에 시달릴 수도 있음을 시사한다.

# 월급을 결정하는 태도의 차이

남자는 여자보다 더 많은 임금을 받는다. 2023년 한국 상장기업에 다니는 근로자의 임금을 성별로 비교하면, 남성 근로자는 평균 8678만 원을 받았고 여성 근로자는 평균 6015만 원을 받다.* 국내 상장기업은 한국에서 매출 및 수익이 가장 좋은 기업이자 재정 상태가 튼튼한 기업이다. 여기서 남성 근로자는 여성 근로자보다 2663만 원을 더 받았다.

'성별임금격차'라는 개념이 있다. 남성 평균 임금에 여성 평균 임금을 비교한 비율이다. 남성 평균 임금 대비 여성 평평균 임금이 어느 정도 차이가 있는가로 측정한다. 이 비율이 한국 상장기업에서 2023년 기준 30.7%이었다. 여자 임금이 남자 임금보다 30.7% 낮았다는 뜻이다. 상장기업만이 아니라 일반 임금을 비교해도 성별 차이가 있다. 모든 근로자의 평균 임금을 따지면, 2022년 기준 남자의 시간당 임금은 2만 5,886원인데 여자의 시간당 임금은 1만 8,113원으로 집계됐다. 여성 임금은 남성 임금의 약 69.9%다. 한국의 성별

---

* 《뉴스1》. 〈상장기업 평균임금 '남 8678만원 여 6015만원'…2663만원 격차〉. [https://www.news1.kr/articles/?5162600] (2023.09.06.)

사냥하는 남자 채집하는 여자

임금격차는 계속해서 감소하는 추세다. 2010년의 경우, 남성의 시간당 평균 임금은 1만 5,095원이었고, 여성의 시간당 평균 임금은 9,300원이었다. 2010년에는 여성 임금은 남성 임금의 약 61.6%였다. 14년이 지나며 이 비율이 8.3% 정도 증가했다. 성별임금격차 문제가 점차 개선되는 중이라는 뜻이다.*

성별임금격차는 한국만의 문제가 아니다. 2024년 기준 OECD 국가의 성별임금격차 평균은 12.1%이다.** 남성이 여성보다 12.1% 높은 임금을 받는다. 미국의 경우, 2020년 기준 비슷한 업무를 하는 정규직 직원이라 하더라도 남성이 1달러를 벌 때 여성은 0.82달러를 얻는다. 성별임금격차는 어디에나 있는데, 한국은 다른 나라보다 격차가 굉장히 큰 편이다. 그래서 성별임금격차 수치는 한국이 다른 선진국과 비교해 성차별이 심한 국가라는 주장이 나올 때 근거로 사용된다.

세계 많은 나라에서 성별임금격차가 있기는 한데, 원인은 나라마다 차이가 있다. 한국의 경우, 근속 기간과 직급에 따

---

* 《국가발전지표》, 〈지표누리〉, [https://www.index.go.kr/unify/idx-info.do?idxCd=4215] (2023.05.30.)
** 《KBS뉴스》, 〈남녀임금격차, OECD 회원국 중 가장 커…의사 수는 OECD 평균 이하〉, [https://news.kbs.co.kr/news/pc/view/view.do?ncd=7919569] (2024.03.21.)

라 임금이 결정된다. 공무원은 호봉과 직급에 따라 보수가 결정된다. 여기에 성별 구분은 없다. 남자, 여자 관계없이 보수가 정해진다. 따라서 이런 부분에서는 성별 임금 차이가 없다고 봐야 한다. 대기업의 경우, 연봉제를 많이 시행한다고 하지만 실질적으로는 호봉제다. 특수 업종을 제외하고는 근무연수, 직급에 따라 보수가 결정된다. 임금을 결정하는 과정이 이러하니, 성별임금격차를 조장하는 제도적인 원인은 없거나 제도의 영향력은 부수적이라는 뜻이다.

공식적으로 성별에 따라 임금을 차등 지급하지 않는데도 한국에서 성별임금격차가 큰 이유는 무엇일까? 이는 주로 직급 차이에서 비롯된다. 고액 연봉을 받는 고위직에서 남성이 차지하는 비율이 높다. 한국 기업에서 이사직은 대부분 남성이 차지한다. 고위직이라 높은 임금을 받는 사람이 대부분 남성이니, 남성과 여성의 평균 임금을 계산하면 남성 임금이 더 높게 산출된다. 또 여성은 출산 등으로 퇴직 후 몇 년 지나 재취업하는 경우가 많다. 근무연수에서 남성보다 밀리고, 이 경력의 차이가 임금의 차이로 나타난다. 한국에서는 근무연수와 직급으로 보수가 결정되는데, 연령대가 높아질수록 여성의 근무연수가 남성보다 짧고 직급이 낮아서 임금격차가 발생한다고 본다. 따라서 성별임금격차를 해소하기 위해서는, 여성의 경력 단절을 방지하고 여성의 승진 비율을 높여야 한다.

한국에서 성별임금격차가 발생하는 주요 원인은 직급의 차이, 근무연수의 차이 때문이다. 그런데 해외 선진국의 경우, 여성의 경력 단절 문제가 상대적으로 덜하고 여성이 고위직으로 활발히 진출하고 있음에도, 성별임금격차 문제가 많이 발생한다. 미국은 임금에서의 성차별을 제도로 엄격히 금지한다. 그리고 여성 임원 비율도 높다. 그런데도 성별임금격차가 존재한다. 이런 경우는 한국보다 문제가 심각하다고 볼 수 있다. 한국은 근무연수와 직급의 차이라고 설명할 수 있는데, 미국은 근무연수도 같고 동일노동을 함에도 남자가 여자보다 평균 20% 정도 더 높은 임금을 받기 때문이다.

법으로 임금에서의 성차별을 엄격히 금지하고 동일노동을 하는데도 남자와 여자 사이에서 왜 임금 차이가 나타나는가? 미국 학자들은 그 이유를 조사했다. 한국은 기본적으로 호봉제를 시행한다. 그런데 미국에서는 회사와 직원 간의 계약으로 임금을 결정한다. 계약에 따라 보수가 달라진다. 같은 해에 입사하고 같은 일을 하더라도, 계약의 형태에 따라 임금이 달라진다.

그런데 그 임금 계약 과정이 성별에 따라 다른 것이다. 한국은 임금 계약, 임금 협상을 한다고 하더라도, 보통은 회사가 일방적으로 제시한 조건을 직원이 수긍하느냐 아니냐만 결정할 뿐이다. 그런데 미국은 말 그대로 협상을 한다. 임금을 두고 회사와 직원이 '줄다리기'를 한다.

미국에서는 남자와 여자가 입사 시점부터 임금을 다르게 받는다. 보통의 남성은 상대적으로 받고 싶은 연봉을 부풀려 요구한다. 예를 들어, 만약 여성이 받고 싶은 연봉으로 5만 달러를 제시할 때, 남성은 6만 달러를 언급한다. 해당 직급에 회사가 평균 5만 5,000달러를 지급하는 중이라면 회사는 여성 직원에게는 "원하는 대로 5만 달러를 주겠다."라고 말한다. 남성 직원에게는 "6만 달러는 너무 많다. 5만 7,000달러는 어떻겠냐?"라는 식으로 협상한다. 이에 같은 일을 하더라도 여성은 5만 달러를, 남성은 5만 7,000달러를 받는다. 거기다 미국에서는 직원들이 자신의 연봉을 다른 직원에게 말하지 못하도록 조치한다. 자기 임금, 연봉을 공개하면 해고될 수도 있다. 결국 여성 직원은 자기가 원하는 금액을 받으니 충분히 만족한다.

이런 상황은 재계약에서도 반복된다. 가령 여성 직원이 재계약을 할 때 5만 5,000달러를 요구하면 회사는 조금 깎아 5만 3,000달러 정도에서 계약을 맺는다. 남성은 6만 달러를 요구하고, 회사는 말도 안 되는 요구라고 따지며 5만 5,000달러 정도에서 계약을 맺는다. 남성이 여성보다 2,000달러 더 받는 식으로 협상이 성사되는 것이다.

사냥하는 남자 채집하는 여자

회사가 먼저 연봉을 제시하는 상황에서도 결과는 같다. 여성 직원에게는 "지금 5만 달러를 받고 있는가? 앞으로 5만 3,000달러를 주겠다."라고 제시한다. 여성은 회사의 제안을 그대로 수용하는 비율이 남성보다 높다. 간혹 더 많은 임금을 요구하긴 하여도, 회사의 요구치보다 조금 높은 수준만을 요청한다. 이와 달리 남성은 회사의 제시액에 반발하는 비율이 여성보다 높다. 그 금액으로는 재계약할 수 없다고, 더 많은 임금을 달라고 요구한다. 회사가 수용할 수 없을 만큼 높은 금액을 요구하면 회사를 그만두겠지만, 적당한 수준이라면 회사는 남성 직원의 임금을 조금 더 올려준다.

여성 직장인은 아무런 대비도 없이 갑자기 회사를 그만둘 생각이 없다. 동시에 회사와의 협상 과정에서 갈등을 빚거나 대립하기를 원치 않는다. 그런데 남성은 똑같이 회사를 그만둘 생각이 없다 하더라도, 협상에서 회사와 대립하기를 주저하지 않는다. 더 높은 임금을 받고자 싸우는 비율이 여성보다 높은 것이다. 결국 근무연수와 직급이 같은데 남성이 여성보다 더 높은 임금을 받는 결과로 이어진다. 이렇게 나타나는 성별임금격차는 법이나 제도로 개선하기가 어렵다. 그래서 해결 방안을 마련하기도 쉽지 않다.

## 블라인드 테스트가 증명한 성차별

직원 채용 단계에서 성차별이 있는가? 한국에서는 있다고 본다. 한국에서 남성 직원을 선호하는 이유 중 하나는 임신과 출산휴가로 인한 인력 문제다. 결혼한 지 얼마 안 된 여성은 임신할 가능성이 크다. 머지않아 출산휴가를 받을 거라고 예상된다면 고용주와 동료 직원 모두 인력 부족으로 인한 부담을 고려해 여성을 새로 채용하기를 꺼린다. 한편으로는 여성 직원은 남성 직원과는 달리 감정 상태까지 고려해야 하는 등 신경 쓸 게 더 많다는 이야기도 들린다. 이는 고용주의 성별과는 무관한 듯하다. 사업을 운영하는 필자의 여성 지인이 수차례 말하기를, 여성 직원은 감정적으로 더 많이 배려해야 하기 때문에 남성 직원이 상대적으로 편하다고 하였다.

그렇다면 성평등을 이룩하고자 여러 제도를 마련한 서구 사회는 어떠할까? 사실 채용 과정에서의 성차별을 증명하기란 어렵다. 고용 사유로 "남자라서" 또는 "여자라서"라고 말할 수는 없다. 실력이 좋고 업무에 적합한 인물을 찾다 보니 어떤 남자 혹은 여자를 고용한 것이다. 최소한 성차별이 명시적으로 금지된 사회에서는 특정 성별이라서 더 우대했다는 식으로 채용하면 안 된다. 특히 실력이 요구되는 분야에서는 더욱 그렇다. 그런데 정말로 남자의 실력이 더 좋았던 것일까? 아니면 남자라서 실력이 더 좋다고 판단한 것일까? 채용자 중 남자가 많은 경우, 실제로 남성 지원자의 실력이 좋아서인지 보이지 않는 차별이 존재해서인지 어떻게 알 수 있을까?

이와 관련해 2000년에 골딘Goldin과 라우스Rouse가 발표한 〈오케스트라의 공평성: 블라인드 오디션이 여성 단원에게 끼칠 영향Orchestrating impartiality: The impact of "blind" auditions on female musicians〉이란 논문을 살펴보자. 오케스트라 단원을 선발할 때는 당연히 악기의 연주 실력을 중시한다. 서구의 유명 오케스트라는 오디션 심사단을 구성하고, 이 심사단의 결과로 단원을 선발한다. 심사단에 들어가는 사람들은 모두 음악 전문가다. 자기 이름을 걸고 선발하니, 굉장히 까다롭게 심사한다. 예술가의 자존심이 있으니, 외부 요인으로 양심에 어긋나는 선택을 하기를 꺼린다. 이런 사람들이 연주 실력을 심사하는데, 선발 과정에서 성차별은 없을 것이라 여겼다. 실제 오케스트라 단원의 다수가 남성인데, 이를 두고도 사람들은 성차별이라 생각하진 않았다. 심사단의 실력과 양심을 믿으니 남자들이 연주를 더 잘했을 거라 단정했다. 그동안 오케스트라 업계에서는 그렇게 생각했다.

미국의 주요 오케스트라 오디션으로 단원을 선발한다. 그런데 1970년대 초부터 1980년대 말까지, 이른바 '블라인드

**179**

오디션' 시스템이 도입됐다. 이전에는 지원자가 여러 심사자 앞에서 연주했다. 누가 연주하는지, 누가 스승이고 제자인지, 앞에 있는 저 지원자를 과거 어느 대회에서 마주쳤는지, 그 대회에서 무슨 상을 타고 어떤 성적을 냈는지를 다 알 수 있다. 심사과정에서 문제가 발생할 수 있었고, 또 실제 문제가 발생했다. 그래서 오케스트라 업계에서 블라인드 심사를 도입했다. 심사자와 지원자가 서로 볼 수 없고 누가 누구인지 모른다. 커튼 뒤에서 음악만 들린다. 이러면 순수하게 음악 실력만으로 단원을 뽑을 수 있다.

골딘과 라우스는 오케스트라 단원의 선발과 관련된 자료를 조사했다. 블라인드 심사 이전의 단원 채용 자료와 블라인드 심사 이후의 단원 채용 자료들을 수집했고, 여기에서 성별 간 비율 차이 등이 있는지를 분석했다. 1970년대 초까지 오케스트라 단원의 여성 비율은 보통 10% 정도였다. 그런데 1970년대부터 여성 비율이 증가하기 시작한다. 1990년대 말에는 여성 단원 비율이 30% 이상까지 올랐다. 그런데 이 비율은 기존에 있었던 단원들, 원래 남자가 많았던 오케스트라의 단원까지 포함된 값이다. 신규 채용자만 고려하면, 새로 뽑힌 여성 단원은 40% 정도라고 봐야 했다. 블라인드 심사 전에는 10% 정도만 여성이 채용되었는데, 블라인드 심사 후에는 40% 정도로 여성 단원의 비율이 증가했다.

이러한 변화를 무작정 성차별 문제와 연결할 수는 없다. 음악을 전공하는 사람, 음대를 졸업한 사람의 성비를 고려해야 한다. 그런데 음악을 전공한 여성의 수는 점차 증가했고, 오케스트라에 입단을 지원한 여성의 수도 점차 증가했다. 결과적으로 1970년부터 1996년까지 블라인드 심사를 하면서 여성 합격자는 50%나 증가했다. 그중 20%는 여성 음악가 인구 자체가 증가하여 나타난 결과였다. 30%는 블라인드 심사 덕분에 나타난 결과였다. 블라인드 심사로 연주자의 성별을 모르게 하자 여성 연주자가 30% 더 많이 합격했다. 이는 곧 심사과정에서 성차별이 존재했다는 증거다. 심사자들은 음악적 자존심이 강하다. 의식적으로 성차별을 한 건 아니다. 하지만 무의식적인 차별이 개입됐다. 남자 연주자에게는 우호적으로, 여자 연주자에게는 냉소적으로 판단한 것이다. 은연중에 성별에 따라 차별한 것이다. 이 오케스트라단 선발 연구는, 단원 선발 과정에서 성차별이 존재했다는 사실을 과학적으로 증명했다.

물론 이 연구 결과를 두고 일각에서는 다르게 해석했다. 가령 다른 사람들 앞에서 발표하거나 공연할 때, 남자와 여자의 흥분도와 안정도는 가기 다르다. 여성은 친구, 가족이 있어야 안심한다. 스트레스가 줄어든다. 여성은 모르는 사람 앞에서 공연할 때 긴장하고 압박감을 느낀다. 여성 연주자가 오디션에서 아는 사람 없이 연주하면 긴장감과 압박감을 느껴 평소보다 실수할 가능성이 커진다. 하지만 남자는 친한 사람이 없어야 안심한다. 모르는 사람이 있어야 오히려 더 잘하는 것이다. 그러니 블라인드 심사가 없었을 당시에는 여성 연주자가 큰 심리적 압박을 느껴 제 실력을 발휘하지 못했을 거라 해석할 수도 있다.

그럼에도 오케스트라 단원 선발 연구는, 그간 굉장히 공정하다고 여긴 연주자 선발 과정에 성차별이 실재했음을 증명한 연구라는 점에서 명성을 얻었다. 방대하고 객관적인 자료로 그 사실을 증명하면서 성차별과 관련된 주요 연구로 인정받았다.


## 직업에서의 성공을 포기한 프린스턴 졸업생

2003년, 《뉴욕타임스》에 한 르포 기사가 실렸다. 리사 벨킨Lisa Belkin이라는 기자의 〈The Opt-Out Revolution〉이라는 기사였다. 리사 벨킨은 1960년대 말에 프린스턴대학교에 입학한 여학생들이 현재(취재 당시 기준) 어떻게 살고 있는지를 취재했다. 프린스턴대학교를 졸업하고 같은 독서모임에 참여하는 8명의 여자를 조사한 기사였다. 이 기사는 직장에서의 성별 차이를 다른 시각에서 바라보았고, 성차별과 성평등 문제에 많은 논란을 불러일으켰다.

과거, 사회에서 고위직을 차지한 사람은 대체로 남자다. 옛날에는 고등교육을 이수한 사람, 고등기술을 연마한 사람이 거의 남자였다. 그러니 고위직도 남자가 차지할 수밖에 없었다. 그런데 미국에서는 1960년대부터 여성의 대학 진학률이 크게 상승했다. 1970년이 되자 대학 진학률이 비슷해졌다. 이후 '성평등한 미래'를 향한 기대감이 팽배해졌다. 지금은 남성이 고위직을 독점하지만, 1970년대에 대학을 입학한 여성들이 1990년대 즈음에는 본격적으로 사회의 기둥이 되어 남자와 동등한 위치에 올라설 것이라 기대했다. 이에 2000년대가 되면 자연스럽게 성평등이 실현될 거라 여겼다.

그런데 막상 2000년대가 되어도 고위직에서의 여성 비율은 낮았다. 대학 졸업생이나 신입사원 채용 비율은 비슷했다. 그런데 고위직으로 갈수록 여성 비율이 줄어들었다. 현대에 접어들면서 여성도 남자 못지않게 고등교육을 이수하고 고등기술을 연마한다.

그런데 왜 이런 현상이 나타날까? 사람들은 이를 두고 '유리천장' 때문이라고 말했다. 여성도 낮은 직급까진 남성처럼 활동하고 승진할 수 있다. 그런데 위로 올라갈수록 보이지 않는 천장이 있다. 여성을 차별하는 제도가 없어도 투명한 장벽, 유리천장이 승진을 가로막는다. 여전히 보이지 않는 성차별이 존재한다는 것이다.

이런 상황에서 2003년 리사 벨킨의 《뉴욕타임스》 기사가 나왔다. 이 기사의 취재 대상이었던 8명의 여성은 프린스턴대학교를 졸업한 수재다. 그중 2명은 대학 졸업 후 하버드대학교 로스쿨, 컬럼비아대학교 로스쿨까지 졸업하여 변호사가 되었고 유명한 로펌에 취직했다. 다른 여성들도 유명 대학에서 MBA 등을 취득하여 전도유망한 인재로 사회생활을 시작했다. 이 8명 전원은 좋은 직장에서 일했다.

그런데 2003년 당시, 그들은 전원 아이를 낳고 양육하면서 전업주부로 지내거나 파트타임 직장에서 근무했다. 그들이 진입한 업계나 직장에 문제가 있어서 그만둔 건 아니었다. 이들 중 몇몇은 로펌의 간부 자리를 제안받기도 했고, 일을 그만두지 않으면 보수를 높여주겠다고 제안받기도 했다. 하지만 이들은 직장을 포기하고 가족과 아이를 택했다. 아이를 돌볼 사람이 없어서, 아니면 아이 양육에 헌신하고자 어쩔 수 없이 그만둔 것도 아니었다. 이들은 수입이 많았고, 이들의 남편도 고소득자였다. 얼마든지 돈으로 아이를 돌볼 인력을 구할 수 있었음에도 직장을 포기하고 가족과 아이를 택했다.

이들은 직장에서 스트레스를 받고 업무에 휘둘리며 살고

싶지 않았다. 그야말로 자발적으로 직장을 그만두고 가족과 시간을 보내는, 상대적으로 자유로운 삶을 선택했다. 이 기사는 남자와 여자가 서로 다르다는 것을 주장했기 때문에 특히 문제가 되었다. 남자와 여자는 추구하는 바가 다르다. 남자는 주로 직장에서의 성공을 원한다. 그것을 위해서 다른 것을 희생한다. 하지만 여자는 직장에서의 성공을 우선하지 않는다. 높은 지위, 높은 보수가 있으면 좋기는 하겠으나 그것만이 인생의 목적은 아니다. 여자에겐 직장 외의 삶도 중요하다. 사회적인 성공 하나를 얻겠다고 다른 행복을 무작정 포기할 수는 없다.

결국 여성이 고위직으로 오르지 못하는 이유가 유리천장 때문만이 아니었다. 어느 직장이든 고위직에 오르려면 사생활을 희생해야 한다. 남성은 대체로 그렇게 한다. 하지만 여성은 대체로 그렇지 않고 원하지도 않는다. 많은 여성은 사생활을 희생하면서 고위직에 오른다 한들 자신의 인생이 성공했다고 느끼지 않는다.

물론 여성이 일과 가정 중 가정을 택하는 현상을 두고, 여자들이 일과 가정 중에서 가정을 선택한 것이 사회에서 패배했기 때문이 아니다. 남자들과의 경쟁에서 도망친 것도 아니다. 가정이 더 큰 행복을 주기 때문에, 여자들이 원하는 것이기 때문에 자기 의지로 그렇게 하는 것이다. 이들은 직장에서의 경쟁에서 물러나는 것을 두고 패배했다고 생각하지 않았다. 남자들보다 뒤처진다고 생각하지도 않았고, 성평등이 실패했다고 보지도 않았다. 오히려 이 세상을 보다 좋은 곳으로 바꾸는, 또 하나의 변화가 이루어지는 중이라 보았다.

여성 대부분이 일과 사생활의 균형을 중시한다. 그리고 지금 입사하는 사람의 반 정도는 여성이다. 이 여성들이, 강도 높은 회사 업무에 시달리다가 갑작스럽게 퇴사하기를 반복하면 회사 입장에서도 장기적으로는 곤란하다. 이제는 여성 인력을 붙잡기 위해 회사가 바뀌어야 한다. 회사가 업무와 사생활의 균형을 고려하기 시작한 것이다. 휴가를 늘리고 휴직을 인정하며 업무 구성을 파트타임 방식으로 재조직한다.

직장뿐만 아니라 사회의 가치관도 변하는 중이다. 여자가 남자처럼 일하라는 요구에 시달리는 게 아니라, 남자도 여자처럼 사생활을 지키고 싶어 한다. '인생 성공'의 개념이 확장되어 직장에서의 성공만이 전부라고 여기는 풍조도 옅어지는 중이다. 여자는 여자의 이름으로 이미 세상을 바꾸고 있다.

2003년의 이 기사는 남자와 여자는 추구하는 바가 원래 다르다는 것을 주장하여 페미니스트들에게 비판을 받았다. 하지만 직장생활과 관련하여 성별 간 차이를 이해하는 새로운 틀을 제공하면서 많은 공감을 얻기도 하였다. 특히 여성을 위한 직장문화가 무엇인지, 인생의 성공이 무엇인지를 논할 수 있게끔 여러 시사점을 제공했다.

# 제4장

# 차이의 실험

다름을 이야기한 다양한 연구

## 사모아의 청소년

1950~1970년대에는 대체로 성별 차이를 인정하지 않는 의견이 학계의 주류였다. 다르긴 하여도 어디까지나 육체적인 차이에 국한됐다. 두 성별은 똑같이 태어났고, 타고난 능력과 잠재력은 동일하다고 간주했다. 그런데 현실에서는 성별 차이가 분명 존재한다. 근대 이전에는 이런 차이점을 기본적으로 능력의 차이로 보았다. 남자를 여자보다 능력 면에서 더 우월한 존재로 보았다. 육체적인 힘뿐만 아니라 정신적인 능력도 더 우월하다고 보았다. 그러나 1900년대 초부터 이런 남녀의 차이는 어디까지나 사회 관습, 문화가 초래한 결과로 보는 인식이 확산됐다.

한국인과 일본인을 보자. 한국인과 일본인은 원래 선천적으로 다른가? 한국인으로 태어나면 무조건 한국어를 하고 김치를 좋아하며, 일본인으로 태어나면 무조건 일본어를 하고 우메보시(일본식 매실장아찌)를 좋아하는가? 그렇지 않다. 한국인으로 태어났어도 어려서부터 일본에서 자라면 일본어를 하고 우메보시를 먹는다. 일본인으로 태어났어도 어려서부터 한국에서 자라면 한국어를 하고 김치를 먹는다. 한국인, 일본인이라는 속성이 선천적으로 정해지는 건 아니다. 어디에서 자라났는지, 어떤 문화 속에서 성장했는지에 따라 그 사람의 능력과 사고방식, 행동 양식이 달라진다. 성별 차이도 이런 것이다. 여자와 남자가 다른 게 아니라 남녀를 차별하는 문화, 남성에 우위를 두는 사회환경에서 성장하기 때문에 성별 차이가 발생한다. 사회적 관습, 문화에 의한 차이를 강조하는 진영에서는 이렇게 주장했다.

그런데 이런 주장에 한 가지 문제가 있다. 한국에서 자란 일본인, 일본에서 자란 한국인을 비교하면 분명 문화 차이에 따라 언어, 사고방식, 행동방식이 달라진다는 것을 알 수 있다. 그런데 한국에서 자란 미국인, 미국에서 자란 한국인을 보자. 한국에서 자란 미국인은 한국어를 쓰고 김치를 먹는다. 하지만 금발과 파란 눈동자는 아무리 한국에서 자랐다고 해서 달라지지 않는다. 미국에서 자란 한국인을 보자. 영어를 유창하게 하고 미국인의 사고방식을 가졌다. 하지만 피부색이나 골격은 한국인이다. 한국인을 아무리 미국에서 미국 문화로 양육해도 절대 바꿀 수 없는 부분이 있다. 이런 부분은 태어날 때부터 정해지는 선천적인 것으로 인정해야 한다.

즉 사람에게는 선천적으로 얻은 부분과 후천적으로 달라지는 부분이 있다. 그러면 남녀의 차이는 어디가 선천적인 부분이고 어디가 양육에 의한 부분일까? 신체적인 차이는 분명 선천적인 차이인데, 신체 외에 다른 것들은 어디까지가 선천적인 영역인 걸까? 나라마다 다른 부분, 문화마다 다른 부분은 자라난 환경의 결과라고 인정할 수 있다. 어떤 나라에서는 여자가 집안일만 하는데 다른 나라에서는 여자가 농사일도 한다면, '여자의 역할'은 선천적으로 정해진 게 아니다. 여자의 사회적 역할은 문화가 결정한다. 그런데 어떤 나라든, 어떤 문화든 모두 동일한 부분이 있다. 문화가 다르나 동일한 양상을 보이는 부분이 있다. 현재뿐만이 아니라 과거에도 똑같았던 부분이 있다. 이런 것은 문화적 현상이 아니라 선천적인 차이로 이해해야 하지 않을까?

성별 차이와 관련해서, 모든 나라나 문화에서 동일한 잣대로 적용된 부분이 있었을까? 1900년대 초, 당시까지 알려진 모든 지식을 고려했을 때 인간 사회라면 예외 없이 동일한 기준을 적용하는 예가 하나 있었다. 바로 여성을 둘러싼 성적 규범이었다. 남성이 여러 여성과 성관계를 갖는 것은 부정적으로 평가하지 않는 사회가 많았다. 그러나 여성이 여러 남성과 성관계를 갖는 것은 어느 사회에서나 부정적으로 평가했다. 사실 여자를 둘러싼 많은 규율은 남자와의 관계에서 형성된다. "여자는 행동을 조심해야 한다, 밤늦게 혼자 돌아다니면 안 된다, 여자의 옷차림은 어떠해야 한다, 이런 자세를 취해야 한다." 등등의 여러 규범은 대부분 남자를 성적으로 경계하라는 함의가 있다. 여자가 다른 남자, 외간 남자, 낯선 남자와의 성관계를 피하도록 하는 문화적 장치들이다. 여자가 여러 남자와 마음대로 성관계를 해도 아무 문제 없다면 이런 규범들은 사실 필요가 없다.

다른 건 몰라도 최소한 여성의 성행위를 규제하는 현상은 (그 규제의 옳고 그름과는 별개로) 보편적이다. 그러니 이를 위한 여러 규범도 인간의 본성을 반영한 자연스러운 것이라 볼 수 있다. 사람들이 이처럼 여자의 성적 규범을 인간의 본성에서 비롯된 것이라 이해할 때, 그 규범조차 문화에 의해 결정된 것이라는 주장이 제기된다. 1928년, 미국의 여성 인류학자 마거릿 미드Margaret Mead는 자신의 저서, 《사모아의 청소년》에서 이런 주장을 펼쳤다.

마거릿 미드는 직접 사모아섬Samoa을 방문해서 몇 개월 동안 그곳에 거주했다. 그리고 주민들, 특히 여성 청소년과 교류했다. 그 경험을 바탕으로 사모아섬의 문화와 관습을 파악했다. 이런 식의 조사 방법은 현재 문화인류학 연구에서는 필수로 여기지만 당시만 하더라도 생소했다. 그래서 마거릿 미드는 문화인류학의 선구자라는 평을 받는다. 마거릿 미드는 사모아의 여자들과 성 문화를 이야기했는데, 그의 저서에 따르면 사모아는 여성의 성 규범이 개방적이다. 여자는 자기가 마음이 동할 때 얼마든지 남자와 성관계를 해도 괜찮았다. 미혼 여자만이 아니라 결혼한 여자도 마찬가지였다. 남편이 오랫동안 집을 비울 때, 아내는 얼마든지 새로운 사랑을 할 수 있다. 사모아인들에게 로맨틱한 사랑, 한 사람을 위한 열렬한 사랑이라는 개념은 없었다. 자위행위도, 동성애도 자연스러운 일이었다.

마거릿 미드의 이야기는 "사모아인은 이렇구나."로 끝나지 않았다. 동서양을 막론하고, 여성을 둘러싼 성적 규범과 억압은 인간의 천성을 반영한 것이 아니라 사회 관습에 불과하다는 메시지를 전하였다. 성별 차이는 선천적이지 않고, 사회 환경과 양육에 의한 결과라는 사실을 증명한 사례였다. 이를 토대로 성별 차이가 없다는 주장을 내세운 페미니즘 운동이 더욱 확대된다. 마거릿 미드의 《사모아의 청소년》은 여성 해방 및 성평등 운동에 큰 영향을 미쳤다.

그런데 1983년 반전이 시작됐다. 뉴질랜드의 인류학자기 사모아섬을 방문해서 1920년대 마거릿 미드의 연구 대상이었던 한 여성을 만났다. 그 여성은 고령이었음에도 마거릿 미드를 기억했다. 그때의 이야기를 묻자 그 할머니는 당시 마거릿 미드에게 한 이야기(사모아 여성의 개방적인 성생활)가 거짓말이었다고 증언했다. 마거릿 미드를 놀리기 위해 당시 소녀들이 꾸며낸 이야기라고 했다. 그런데 이건 일리 있는 증언이다. 마거릿 미드 이후 많은 인류학자가 아프리카, 아마존 원주민 사회에서 거주하며 참여 관찰 연구를 시행했다. 그런데 많은 원주민이 인류학자들을 놀림감으로 삼았다. 인류학자에게 거짓말을 했고, 인류학자들은 거짓말인 줄도 모르고 논문에 원주민의 거짓말을 반영했다. 마거릿 미드도 사모아의 장난꾸러기 소녀들에게 속은 것이다.

마거릿 미드는 1978년에 사망했기에 이 후일담은 모르고 죽었다. 어쨌든 1983년 이후 사모아인의 성적 규범이 정말로 개방적인지는 큰 논란에 휩싸였다. 다만 사실인지 아닌지는 이제 그렇게 중요치 않다. 《사모아의 청소년》이 페미니즘 운동에 큰 영향을 미친 건 사실이고, 실제 사회도 그 방향으로 크게 변화했다. 《사모아의 청소년》은 내용의 사실 여부와는 별개로 사회를 변화시켰다는 점에서 충분한 의의가 있다.

# 키부츠의 성평등 실험

키부츠kibbutz는 1900년대 초에 유행했던 사회주의 공동체 운동의 영향을 받아 탄생한 이스라엘의 집단 농업 공동체로, 주민들이 생산·소비·소유를 모두 공동화한다. 키부츠 내에서는 사유 재산이 없다. 이런 공동체 모델은 공산주의 사회에서는 집단농장의 형태로 구현됐다. 과거의 소련, 중국 등에서 세워진 집단농장 모델과는 달리 키부츠는 주민들의 상호 합의로 탄생했다. 키부츠의 내부 운영 방침도 구성원이 자율적으로 규정할 수 있었다. 키부츠의 탈퇴, 구성원의 이주 등도 역시 가능했다.

사회주의 사회에서는 이른바 '인민평등'을 주장한다. 사회적 특권 계층을 부정하고 성평등을 강조한다. 이는 키부츠에서도 마찬가지였다. 키부츠에서는 여자도 밖에서 일하고, 가사노동은 부부가 함께 맡는다. 여자라는 이유로 공동체 업무에서 배제되고 집안에만 있는 상황 자체를 금지했다. 진정한 성평등을 달성하기 위해서 여자도 남자와 똑같이 사회생활을 할 기회를 제공해야 한다고 생각했기 때문이다.

그런데 아이가 태어나면 문제가 생긴다. 누군가는 아이를 돌봐야 한다. 하지만 여자가 애를 기르기 위해 집에만 있어야 하는 것이 모든 성차별 문제의 기원이다. 따라서 키부츠는 이 문제를 근본적으로 해결하고자 했다. 아이를 탁아소에 맡기고, 탁아소에서 아동 양육을 도맡았다. 여자에게서 아이를 돌봐야 한다는 부담을 완전히 덜어내고자 했다. 심지어 여성 노동자가 편히 쉴 수 있도록 탁아소는 야간에도 운영됐다. 아기는 매일 탁아소에서 생활한다. 부모가 애를 만날 수 있는 시간은 오후 업무 종료 후 저녁이 되기 전까지였다. 하루의 딱 2~3시간만 부모와 아기가 만날 수 있었다.

아기는 부모가 아니라 공동체의 보육사, 교사가 기른다. 이후에도 어린이 숙소에서 지낸다. 여성 노동자들은 자녀 양육의 부담에서 완전히 해방된다. 수천 년 동안 이어진 속박의 사슬을 끊어낸 것이다. 자녀 양육의 부담이 사라지자 여자도 남자처럼 사회생활을 할 수 있고, 자기가 원하는 직업에서 인정받을 수 있었다. 드디어 완전한 성평등 사회가 도래한 것이다. 그런 줄로만 알았다.

키부츠 출신 아이들이 성인이 되어 사회에 진출하자 기묘한 일이 벌어진다. 키부츠 2세대 여성들은 결혼 후 자신의 아이를 공동체에 맡기기를 거부하고 본인이 기르기를 원하였다. 많은 2세대 여성이 자녀 양육을 선택했다. 과거 키부츠 1세대가 아기를 집에서 기른 비율보다 더 높은 비율로 집안에서의 자녀 양육을 선택했다. 집에서 아이를 기르면 오로지 양육에만 매달릴까? 요리나 빨래 등 여성의 가사노동 부담

비중도 자연히 높아진다. 키부츠는 여성에게 강제된 가사노동 부담을 완전히 제거하여 성평등을 이룬 줄 알았는데, 한 세대가 흐르자 여자들은 다시 집안으로 돌아갔다.

1960~1980년대 서양에서는 페미니즘 운동이 본격화되면서, 여성이 자녀 양육과 가사노동의 부담에서 해방되어야 한다는 주장에 힘이 실렸다. 그런데 키부츠 1세대 여성은 그간 밖에서 남자와 똑같이 사회생활을 했음에도, 2세대 여성은 자녀 양육과 가사노동을 선택했다. 그동안 키부츠의 대표적인 특징이라 할 수 있었던 '공동육아 시스템'은 해체된다. 아침에 애를 맡기고 오후에 찾는 보육 시스템은 유지되지만, 애를 집에 보내지 않고 탁아소에서 재우고 기르는 시스템은 유지되지 못하였다.

키부츠는 완전한 성평등 공동체를 지향했다. 교육이든 양육이든 성차별을 하지 않고 똑같이 가르쳤다. 그러면 이 아이들이 성장한 후 모든 분야에서 성차별이 사라질 것이라 예상했다. 그전까지는 성별에 따라 직업이 다르고 수입에서도 차이가 나타나니, 궁극적으로 교육과 직업의 차이가 성차별 문제를 일으킨다고 이해했다. 그래서 키부츠에서는 성별과는 무관하게 교육하였다. 이에 따라 직업에서의 성차별도 사라질 것이라 기대했다. 키부츠에서 자란 아이들이 성인이 되어 직업을 가지면, 모든 직업에서 성별 비율이 50:50으로 동일할 것이고 따라서 직업 간 성별 차이는 없어질 것이라 희망했다. 이 부분에서 예상과는 전혀 다른 결과가 나타났다.

1975년, 라이어널 타이거Lionel Tiger와 조지프 셰퍼드Joseph Shepher는《키부츠의 여성들Women in the Kibbutz》이란 책에서 키부츠의 성과와 영향을 연구했다. 책이 출간된 시점을 기준으로, 키부츠는 이미 몇십 년째 운영 중이었다. 그런데 키부츠 출신 남성과 여성의 직업에서 확연한 차이가 나타났다. 직업이 있는 여성의 70~80%는 전통적으로 여성 구성원이 많은 보육, 교육 서비스 분야에서 근무했다. 해당 분야에서 근무하는 남성은 17% 정도에 불과했다. 공장 등 생산직종에서 일하는 남성은 60% 가량이었다. 그런데 같은 분야에서 근무하는 여성은 15%에 불과했다. 그간에는 직업에서의 성별 차이를 성차별의 일종으로 이해했다. 그런데 완전한 성평등을 지향한 키부츠 출신들 사이에서도 이러한 성차가 감소되지 않았고 오히려 증가하였다. 키부츠가 오래되면 오래될수록 직업의 성별 분리는 더욱 확대됐다.

키부츠는 이스라엘 발전에 큰 기여를 했다고 평가된 공동체 모델이다. 지금도 이스라엘에서는 200개 이상의 키부츠가 운영 중이다. 다만 성평등 관련 부분에서만큼은 실패했다고 본다. 여성이 가사노동과 자녀 양육에 집중하는 현상, 보육 및 교육 관련 업무에 치중된 현상이 오로지 성차별 때문에 발생한 건 아니다. 키부츠 실험은 바로 이러한 사실을 알려준다.


## 1년 6개월을 남자로 살았던 여자

창작물에서는 주인공이 다른 성별로 변장한다는 설정이 자주 등장한다. 그런데 현실에서 장기적으로 변장 생활을 유지할 수 있을까? 미국의 저널리스트, 노라 빈센트Norah Mary Vincent는 남자로 변장하여 548일을 살았다. 이 경험을《Self-made man》이란 제목으로 2006년에 출간했다(한국에서는 《548일 남장 체험》으로 출간되었다.). 여자의 시선에서 남자의 세계가 어떠한지를 기록한, 가장 확실한 경험담이다.

작가 노라 빈센트는 레즈비언 여성이자 페미니스트다. 레즈비언 중에서도 관계를 능동적으로 주도하는 역할부치, butch을 맡았다. 동시에 저널리스트였다. 그는 남자가 사회적 권력을 이용해 여자들을 휘두른다고 생각했다. 그의 머릿속에서 여자는 남자에게 부당한 대우를 받는 존재였다. 이 남성 중심의 가부장 사회에서 여자가 아니라 남자로 지낼 수 있으면 얼마나 좋을까? 그는 이 주제로 책을 쓰기를 원했고, 남자로 변장하여 생활한 경험을 책으로 출간하고자 하였다. 남자의 세계에 들어가 즐거운 경험을 누린 후 책을 출간하는 것. 이 것이 노라 빈센트의 계획이었다.

노라 빈센트는 남장을 하기 전에 '몸만들기'에 착수했다. 남자 사회에서 남자로 인정받기 위해서는 남자를 만나 친구 로 지내고 남자로서 직장에 다녀야 했다. 그러니 외모부터 남자로 보이도록 해야 했다. 다행히 키가 178cm였다. 남성 평균 키보다는 컸다. 하지만 몸매가 다르고 골격이나 근육량 이 다르다. 이에 노라 빈센트는 6개월 동안 매일 헬스장에 다 녔다. 7kg을 찌우고, 어느 정도 어깨를 넓혀 각이 잡힌 '남자 의 몸'을 만들었다.

몸만들기 외에 '말하기'에도 심혈을 기울였다. 발성법을 가르쳐줄 선생을 찾아가 '남자처럼 말하는 법'을 터득했다. 원래도 굵은 목소리이긴 했지만 배워야 할 것이 많았다. 보 통 여성은 남성보다 더 빨리 말하고 더 많은 어휘를 사용한 다. 그러다 보니 상대적으로 호흡이 가파르고, 말과 말 사이 에 숨을 멈추는 간격도 촘촘하다. 천천히 호흡하면서 보다 적게 말하기, 굵고 낮은 목소리로 말하기를 배웠다. 이외에도 가슴을 가리고, 인공 남성기를 달았으며, 화장 전문가의 도 움으로 수염까지 붙였다. '네드 빈센트'라는 가명까지 준비했 다. 만반의 준비를 마친 후 남자들의 볼링 클럽에 가입하고, 남자들과 스트립쇼를 보러 다녔다. 남자로 취직하고 남자 직원으로 직장에 다녔다. 무려 548일 동안, 약 1년 6개월 동안 남자로 살았다.

노라는 '남자들의 화려한 삶'을 기대하며 남자로 변신했다. 그런 경험을 자신도 해보고 싶어서 변장했다. 그런데 막상 남자의 삶을 살아보니, 화려함과는 거리가 멀었음을 느꼈다. 여자를 압박하고 사회의 좋은 점을 일방적으로 갈취하는 강력한 지배자의 모습은 더더욱 아니었다. 노라 빈센트는 그간 페미니스트로서 스트립 클럽과 스트립쇼를 비판했었다. 남자가 여자를 성적으로 대상화하는 사업, 남자가 여자에게 휘두르는 권력의 상징으로 이해했다. 그런데 남자 '네드 빈센트'로서 스트립 클럽을 다녀보니, 그렇게 간단하게 볼 수 없었다. 클럽에서 남자는 절대적인 주도권을 행사하지 못했다. 오히려 여자들이 주도하는 부분도 존재했다. 여자 직원이 서비스를 제공할 테니 일단 돈부터 내라는 식으로 강매를 당했는데, 서비스의 제공 시기·방법·가격을 모두 여자 직원이 일방적으로 결정했다. 여자들은 돈을 받으면서 남자들이 원하는 것을 조금씩 제공했다. 누가 승자이고 패자인지를 구분할 수는 없었다. 특히 클럽 안에서 목격한 남자들의 모습은, 노라 빈센트의 상상 속 '승자의 얼굴'과는 거리가 멀었다. 처음 생각한 것처럼 즐거운 일은 아니었다. 네드 빈센트는 곧 클럽 출입을 중단했다.

여자와의 교제에서도 예상과는 전혀 다른 상황이 펼쳐졌다. 네드 빈센트는 남자로서 여자와 교제하기가 굉장히 재미있고 쉬울 것이라 예상했다. 많은 규범에 휩싸여 제약을 받는 여성과 달리 남성은 하고 싶은 대로 행동할 수 있지 않을까? 그런데 네드 빈센트는 여자에게 데이트 신청을 하면 대체로 퇴짜를 맞았다. 그것도 아주 쌀쌀맞게. 노라 빈센트 시절에는 그런 식의 거절을 한 번도 받은 적이 없었다. 네드 빈센트는 여자들의 쌀쌀함에, 그리고 수없이 반복되는 퇴짜에 충격받는다. 네드 빈센트는 그제야 남자들에게 퇴짜란 거의 일상에 가까운 일임을 알게 된다. 남자로서 여자와 교제하는 건 쉽지 않은 일이었다.

교제가 성공한 후에도 또 다른 문제가 발생한다. 많은 여자가 상대방이 모든 비용을 감당하기를 원하였다. (남자 네드 빈센트의 시선에서) 여자들은 굉장히 이기적으로 생각하고, 감정적으로는 거만하게 행동했다. 남자와 여자가 평등하다는 사실도 인식하지 못하는 듯이 보였고, 설사 둘이 평등하다고 말은 하더라도 행동이 그렇지 못했다. 노라 빈센트 시절에는, 여자로서 여자를 대할 때에는 미처 알지 못했던 모습을 네드 빈센트의 눈으로는 목격했다.

여자들은 네드 빈센트를 굉장히 경계하고 잠재적인 범죄자로 바라본다. 하지만 노라 빈센트는 화기애애하게 대해준다. 여자들은 상대방의 성별에 따라 대하는 태도가 달라진다. 네드 빈센트는 일종의 임무 수행을 위해 여자들과 데이트를 해야 했다. 하지만 네드 빈센트로서 가장 힘들었던 임무가 바로 여자들과의 데이트였다. 심지어 네드 빈센트는 한동안 '여성혐오자'로 살기도 하였다. 여자가 남자로 변장하여 여자와의 데이트를 시도했다가, 여성혐오자가 되었다는 사실이 얼마나 아이러니한 일인가? 그만큼 남자가 여자와 교제하기란 무척 어려운 일이었다.

네드 빈센트는 영업 사원으로 근무했다. 그런데 성별에 따라 영업 방식이 달랐다. 여성 직원은 웃으며 상대방에게 접근한다. 친밀감을 쌓은 후 물건을 판매하거나 애원하기도 한다. 처음에는 노라도 그렇게 하려고 했다. 하지만 네드 빈센트로 변장한 그가 그런 식으로 행동하자 돌아온 것은 경멸뿐이었다. 여자들에게서도 경멸을 받았다. 남자는 도움을 요청하는 모습이나 나약한 모습을 보이면 안 되는 것이었다. 사람들은 여자가 힘들어하면 도움을 주려고 하지만 남자가 힘들어하면 밟으려 한다. 노라는 네드로 연기해야 했다. 애원하지 않고, 사과하지 않으며, 부족함이 있어도 인정하지 않았다. 항상 자신감을 드러내며 경쟁력이 있는 모습을 과시해야 했다. 그래야 물건을 팔 수 있었다. 남자로 변장한 자신만 그런 것이 아니었다. 보통의 남자가 매일 이런 '연기'를 하는 것

**205**

이었다. 네드 근처의 남자들도 혼자 있거나 아는 사람이 없으면 약한 모습을 드러내지만 다른 사람이 있을 때는 그렇지 않았다. 결국 네드 빈센트는 이렇게 결론을 내렸다.

남자들은 항상 연기를 한다. 그들은 남자의 이미지를 지키고자 연기한다. 남자는 상당히 피곤하게 사는 족속이다. 그리고 자기를 솔직히 드러내지 못하는, 아니 드러낼 수 없는 불쌍한 존재다.

더는 남자의 삶을 버틸 수 없던 네드 빈센트는, 548일 만에 노라 빈센트로 돌아온다.


## 성별에 따라 수건을 다르게 지급하는 이유

목욕탕에서는 고객에게 수건을 지급하는데, 보통은 성별에 따라 지급 방식이 다르다. 남자에게는 별도로 수건을 지급하지 않는다. 남자 목욕탕 내에 수건을 쌓아둔다. 수건이 필요한 사람이 자유롭게 사용하면 된다. 그런데 여자 목욕탕의 경우 수건을 쌓아두지 않는다. 대신에 목욕탕에 들어갈 때 수건 1~2개를 지급한다. 언뜻 보면 이는 성차별이다.

이 문제가 공론화된 시기는 2000년도였다. 한 여성이 지방 온천을 갔다. 보통 온천에서는 수건을 서비스로 제공한다. 그래서 그 온천에서도 당연히 수건을 줄 것으로 생각해 따로 준비하지 않았다. 그런데 그 온천에서는 수건을 제공하지 않았다. 수건이 필요한 경우 별도로 구매해야 했다. 별도로 구매하라는 업체의 요구 자체는 이해할 수 있다. 근데 '여자'만 별도로 구매해야 한다는 조건은 이해하기 어렵다. 남자에게는 수건이 서비스로 제공되는데, 여자는 왜 수건을 구입해야 하는가? 이 고객은 해당 업체가 성차별을 했다고 신고했다. 현재라면 여성가족부에 민원을 넣었을 것이다. 그런데 당시에는 여성부(여성가족부의 전신)가 세워지기 전이다. 성차별 관련 업무는 대통령 직속 여성특별위원회에서 주로 처리했다. 이 고객의 신고도 여성특별위원회에서 담당했다.

당시 여성특별위원회는 온천 업체 측의 입장을 조사했다. 업체의 답변은 이러하다. 처음에 온천을 개업했을 때에는 모두에게 수건을 지급했다. 그런데 업체 운영 3~4개월 후 수건 회수율을 비교하니, 여탕의 회수율은 10~30% 정도로 남탕에서의 회수율보다 현저히 낮았다. 여자들이 서비스로 지급된 수건을 상당 부분 훔쳤다. 또한 수건만 그런 것도 아니었다. 물의 소비량도 여탕이 남탕보다 많았다. 빗, 귀이개, 비누 따위의 소모성 비품도 여탕에서 훨씬 더 많이 소비되거나 누군가 훔쳤다. 여탕에는 이러한 비품 비용이 남탕보다 훨씬 더 많이 지출됐다. 그래서 비용 절감 차원으로, 가장 비용이 많이 드는 수건의 무료 지급을 중단하였다. 성차별을 하기 위함이 아니라, 비용 절감이라는 경영적 판단에 따라 여탕에 수건을 판매하도록 조치한 것이다.

이에 여성특별위원회는 온천 업체의 주장에 일리가 있는지를 조사했다. 먼저 다른 지역의 목욕탕 사업장 세 곳을 조사했다. 세 목욕탕을 조사해 보니, 그곳에서도 모두 처음 개업할 당시에는 모두에게 똑같이 수건을 지급했었다. 그런데 개업 후 1년 이내에 여탕의 수건 분실률이 적어도 30%, 많으면 90%까지 측정됐다. 그래서 세 곳 모두 여탕에 수건 지급을 중단했다. 성차별 문제로 신고된 온천과 똑같은 과정을 겪은 것이다. 하지만 사업자의 주장만 듣고 이들의 말이 전부 타당하다고 단정할 수는 없었다. 그래서 여성특별위원회는 성별에 따라 수건 분실률에 유의미한 차이가 발생하는지를 실험했다. 서울 시내의 목욕탕 두 곳을 선정해서, 손님들에게 마음대로 수건을 사용할 수 있도록 했다. 남탕, 여탕에 수건을 쌓아두고 마음대로 사용하도록 조치하여 수건이 얼마나 분실되는지를 기록했다. 2주 동안 실험을 진행한 결과, 여탕에서의 수건 분실률이 월등히 높게 측정됐다. 남탕에서의 수건 분실률은 5~7% 정도였다. 여탕에서의 수건 분실률은 22~34% 정도였다. 여탕에서의 분실률이 5~7배 높았다.

분실률은 분명히 성별에 따라 달랐다. 그렇다면 지급 방식이 다른 것은 성차별인가? 당시 여성특별위원회의 사건 결정문은 다음과 같다.

수건 회수율의 차이만을 이유로 모든 여성 이용자에게 수건을 지급하지 않은 것은 회수율에 차이가 있을 뿐 남탕에서도 수건이 분실된다는 점에서 경영상 이유로 드는 회수율의 막연한 많고 적음을 근거로 이용 편의에 차이를 두는 기준이 될 수 없으며….

사실 필자는 이 문장이 잘 이해가 가지 않는다. 일단, 앞에서는 "수건 회수율에 차이가 있다."라는 점을 자세히 설명하고, 그다음에 "수건 회수율의 많고 적음을 근거로 이용 편의에 차이를 둘 수 없다."라고 말한다. 그러고서 최종 결론은 다음과 같이 내렸다.

남성과 똑같은 경제적 비용을 부담하면서도 여성에게만 시설 이용에 있어 불이익이 돌아오는 행위를 한 것으로 판단된다. 신청인에게 남성보다 더 많은 경제적 부담을 요구하였다는 것은 명백한 남녀 차별이다.

**209**

여성특별위원회는 공식적으로 "목욕탕에서 성별에 따라 수건을 다르게 지급하는 것은 성차별이다."라고 결론을 내렸다. 이 결정문에서 이해하기 힘든 부분이 하나가 더 있다. 법률에서는 성차별을 금지하는데, 목욕탕에서 성별에 따라 수건을 다르게 지급하는 것은 성차별이라고 판단했다. 그러면 이에 맞추어 시정 조치나 벌칙을 부과해야 하는데, 그 조치에 관련해서는 이렇게 결정했다.

> 온천장은 여탕에 수건을 무상대여하지 않는다는 사실을 입장객에게 미리 고지할 수 있는 방법을 강구하여 이행할 것

여자에게도 똑같이 수건을 지급하라고 요구하지 않았다. 성차별 행위를 했다고 사업주에게 벌칙을 부과하지도 않았다. 여자들에게 수건을 지급하지 않는다는 사실을 미리 알릴 수 있게 하라고만 지시했을 뿐이다.

돌이켜보면 당시 여성특별위원회의 고민이 이해되기도 한다. 여탕에서 수건 분실률이 남탕에서보다 훨씬 높게 나왔다. 수건 분실률을 근거로 남탕과 여탕에서 수건을 다르게 지급한 조치는 인정될 법도 하다. 하지만 그렇다고 여성특별위원회가 이것이 성차별이 아니라고 판단할 수도 없다. 법원이

아니라 여성특별위원회가 판단 주체다. 법원이라면 몰라도, 성평등 달성과 여성 권익 보호를 목적으로 운영되는 위원회가 이 사안을 두고 성차별이 아니라고 공식적으로 선언하기는 어렵다. 결국 성차별이라고 공표하긴 했으나 목욕탕이 수건을 다르게 지급할 수는 있도록 조치했다. 겉으로는 성차별이라고 선언했지만, 속으로는 부당한 차별은 아니라고 판단한 것이 아니었을까?

## 성별과 수명의 관계

1910년대, 인간의 이성적 능력을 측정하는 방법으로써 IQ 검사가 제작됐다. 당시는 동물과 인간의 차이를 이성이라 생각했고, 따라서 이성지수가 높은 사람을 훌륭한 사람으로 여겼다. 그래서 미국의 루이스 터먼Lewis Madison Terman 교수는 IQ가 높은 아이들의 삶을 조사하기로 결정했다. 이른바 터먼 프로젝트Genetic Studies of Genius가 시작된다. IQ가 높은 아이들은 훗날 미국을 이끄는 지도자, 리더가 될 것이다. 그러니 이 아이들의 성장 과정을 미리 체크하자는 의도였다. 이미 리더가 된 사람의 과거를 조사하는 연구에는 한계가 있다. 인간은 자신의 삶을 미화하기 마련이고, 리더의 주위에서도 긍정적인 말만 떠들 가능성이 높다. 리더가 되기 전, 아이일 때부터 인생을 조사하면 리더가 어떤 굴곡을 거쳐서 리더가 되었는지, 어떻게 어려움을 극복했는지를 확실히 파악할 수 있다.

이에 터먼 교수는 1910년대에 태어난 아이 중 IQ지수 120이 넘는 아이들을 선발했다. 총 1,500명을 선정했고, 이들의 사회환경·생활방식·사고방식 등 모든 면을 조사했다.[*] 이들은 앞으로 미국을 이끄는 리더가 될 것이고, 이 조사 기록들은 리더의 삶을 파악하는 확실한 자료가 될 것이다. 터먼의 프로젝트팀은 이 아이들을 5년 주기로 방문·조사했다. 그런 식으로 이들의 성인기, 중년기, 노년기를 계속 조사했다. 터먼 박사는 1950년대에 사망했으나 후배 연구자들이 프로젝트를 이어갔다. 물론 쉽진 않았다. 실험 대상자들이 종종 다른 지역으로 이사하면, 이사 지역을 확인하는 과정에서도 많은 시간과 비용이 소요됐다. 그렇지만 1,500명 대부분이 사망할 때까지 연구는 이어졌고, 10대 청소년이 늙어 죽은 순간까지의 방대한 인생 기록이 축적됐다.

일단 터먼 프로젝트는 실패했다. IQ가 높은 청소년 중 리더가 유달리 많이 나오지 않았다. 1,500명 중 '리더'라 불릴 만한 사람의 비율은 단지 2% 정도였다. 그런데 이는 IQ지수

---

[*] 하워드 S. 프리드먼, 레슬러 R. 마틴, 최수진 옮김. 《나는 몇 살까지 살까?》. 쌤앤파커스, 2011.

가 평균치인 사람 중에서의 비율과 똑같다. 터먼 프로젝트는 결국 "머리가 좋은 것, IQ지수가 높은 것은 리더가 되는 것과는 아무런 상관이 없다."라는 결과를 도출했다.

그러나 터먼 프로젝트는 계속되었다. 1,500명의 인생 기록을 수집하면서, 보통 사람의 인생을 파악하는 데에는 큰 도움이 될 자료를 학계에 보고했다. 어려서 학업 성적이 우수했던 사람이 훗날 어떻게 되는지, 어린 시절 부모의 이혼을 겪은 사람이 어떻게 되는지, 젊어서부터 술을 마신 사람의 건강 상태는 어떻게 바뀌는지 등 터먼 프로젝트는 인간의 삶 전체를 둘러싼 막대한 물음에 대답을 제시할 수 있었다. 특히 사람의 수명에 영향을 미치는 요소가 무엇인지를 알 수 있었다. 터먼 프로젝트는 원래 목적이었던 '리더 연구'로서는 실패했으나 '인간 수명 연구'로는 타의 추종을 불허하는 사례로 자리매김했다.

터먼 프로젝트가 밝힌 주요한 사항 중 하나는, '여성성을 지닌 사람'이 '남성성을 지닌 사람'보다 더 오래 산다는 점이다. 여자가 남자보다 더 오래 산다는 사실은 오래전부터 알려졌다. 그런데 터먼 프로젝트에서는 남성, 여성의 젠더 진단도 가능했다. 한 사람의 사회적 남성성과 여성성의 비율이 어느 정도인지를 파악할 수 있었다. 그 분석 자료를 보면, 남성 중에서도 여성성이 더 높은 사람들이 더 오래 살았다. 여성 중에서 남성성이 높은 여자는 남성성이 낮은 여자보다 수명이 짧았다. 이른바 여성적인 사람이 더 오래 산다는 사실을 발견한 것이다.

남성 중에서도 남성적인 성향을 지닌 사람이 몸무게가 상대적으로 높았고, 육체 활동량이 많았으며, 위험한 취미를 가진 비율도 높았다. 여성 중에서도 남성적인 성향을 지닌 사람이 술을 좋아하고, 수입도 많았다. 이런 경향성이 수명, 사망률과 연관된 것으로 추정됐다. 성별 불문하고, 남성성은 수명을 단축하고 여성성은 수명을 증가시키는 요소였다.

또 하나 재미있는 사실로는, 부부 중 아내가 먼저 죽으면 홀로 남은 남편의 사망 위험성이 증가했다. 반대로 남편이 먼저 죽어도 홀로 남은 아내의 사망 위험성에는 별 차이가 없었다. 이런 결과가 나타난 이유는 무엇일까? 연구진들은 남편의 삶을 보조하는 아내의 노력에 주목했다. 터먼 프로젝트를 시행하던 당시만 하더라도, 아내가 남편의 건강과 생활을 책임졌다. 자신을 도와주는 사람이 있는 동안 남성의 건강은 꾸준히 유지됐다. 하지만 아내가 사망하면 자기를 챙겨주는 사람이 없어진다. 건강도 챙기지 않으니 곧바로 건강이 악화한다. 상호 간의 사랑과는 상관없이, 아내가 사라지면 남편의 사망률은 높아진다. 하지만 아내는 남편이 죽는다고 해서 자기 생활이 크게 변화하지 않는다. 오히려 노동량이 줄기에 생활이 개선되는 경향도 발견됐다. 결국 배우자의 사망은 아내보다 남편에게 더욱 충격적인 사건이다. 그 충격이 사망률로 나타난 것이다. 특히 배우자를 잃은 아내의 경우, 결혼을 유지하고 있는 여성들보다 오히려 더 오래 사는 경향이 있었다. 남편을 잃은 아내는 남편이 있는 여성보다 오히려 삶이 더 나아지는 듯하다.

## 결혼, 이혼, 재혼이 수명에 미치는 영향

터먼 프로젝트 참여자 중 약 70%가 결혼했고, 또 그중 10%가 이혼했다. 1,500명 중에서 약 1,000명이 결혼, 500명이 독신자, 그리고 약 100명이 이혼자다. 이 자료를 기반으로 기혼자의 수명, 독신자의 수명, 이혼자의 수명을 대략 살펴볼 수 있다. 사회학에서는 일반적으로 기혼자가 오래 산다고 본다.[*] 기혼자의 기대 수명과 독신자의 기대 수명을 비교하면, 대체로 기혼자의 기대 수명이 더 높게 측정된다. 결혼이 독신보다는 수명을 늘리는 좋은 방법이다.

---

[*] 나이토 요시히토, 서수지 옮김, 《세상에서 가장 재미있는 88가지 심리실험》, 사람과나무사이, 2020.

그렇다면 이혼자는 어떨까? 터먼 프로젝트에는 참가자의 결혼·이혼·재혼·독신 여부를 기록한 확실한 자료를 남겼다. 그리고 기혼자·이혼자·재혼자·독신자의 기대 수명을 성별에 따라 분석한 자료도 남겼다. 결과적으로 성별에 따라 결과가 다르게 나왔다. 남성은 기혼자가 독신자보다 평균 수명이 길다. 이는 기존 연구들과 크게 다르지 않다. 그런데 이혼 후의 독신자와 재혼자까지 함께 연구하자, 재혼 여부와는 상관없이 이혼을 경험한 남성이 평생을 독신으로 산 남성보다 오래 살지 못했다는 결과를 얻었다. 즉 기혼 남성이 독신 남성보다 오래 산다는 속설은 반만 맞고 반은 틀렸다. 평생 결혼 생활을 잘 유지하면 독신 남성보다 오래 살긴 하겠으나 도중에 이혼을 경험하면 독신 남성보다 오래 살지 않았다. 또 재혼했다고 하더라도, 이혼을 경험한 남성은 평생 독신으로 산 남성의 평균 수명을 따라가진 않는 것으로 나타났다. 이혼 후 독신으로 산 남성보다 오래 살았을 뿐이다.

이 연구 결과는, 이혼이 남성에게 굉장히 충격적인 사건임을 알려준다. 이혼은 남성의 기대 수명에 영향을 미칠 만큼 충격적인 사건이다. 설사 재혼을 하더라도 그 충격에서 벗어나지 못한다. 남성에게 이혼이란 신체적으로든 정신적으로든 상당한 타격을 입힌다.

한편 여성의 경우, 기혼자가 독신자보다 수명이 길긴 하였다. 재혼자가 독신자보다 평균 수명이 짧다는 점도 남성과 동일했다. 그런데 이혼 후 재혼하지 않고 독신으로 남은 여성의 평균 수명은 남성과는 완전히 달랐다. 남자는 이혼 후 재혼하지 않은 사례에서 평균 수명이 제일 짧았다. 그런데 이혼하고 재혼하지 않은 여자, 그리고 결혼해서 이혼하지 않은 여자의 평균 수명은 같았다. 이혼을 경험했음에도 평생 독신으로 산 여성보다 더 오래 살았다. 이혼 후 재혼한 여자보다는 훨씬 더 오래 살았다.

| 남자의 평균수명 비교 | 기혼 > 독신 > 재혼 > 이혼 후 독신 |
|---|---|
| 여자의 평균수명 비교 | 기혼 = 이혼 후 독신 > 독신 > 재혼 |

**표5** 결혼 형태와 평균수명의 상관관계

이러한 성별 차이에서 두 가지 사실을 알 수 있다. 첫째, 상대적으로 남자가 이혼에 더 큰 충격을 받는다. 여자는 남자와 달리 재혼하지 않고 혼자 살면 이혼에서 발생하는 충격을 추가로 입지 않는다. 최소한 신체 건강에 이혼이 영향을 미치진 않는다. 여자는 이혼 이후 (재혼하지 않는다면) 몸의 건강을 되찾을 수도 있다.

둘째, 결혼은 여성보다는 남성에게 더욱 필요하다. 남자는 결혼한 사람이 독신자보다 더 오래 산다. 그리고 재혼자가 이혼 후 독신자보다 더 오래 산다. 남자는 같은 조건에서 결혼 생활을 유지해야 평균 수명이 길어진다. 하지만 여자는 그렇지 않다. 이혼한 여성은 재혼보다는 독신으로 사는 편이 더 오래 살 수 있다. 여자는 남자와 달리 결혼 생활 여부로 인한 수명 차이가 크지 않다.

## 쇼핑의 과학

미국 사회는 '정치적 올바름'에 민감하다. 인종, 성 관련으로 차별적인 발언을 당당히 말하면 곤란하다. 학술적으로도 성별 간의 차이, 인종 간의 차이를 강조하는 식으로 결론을 내리면 위험해진다. 연구자를 차별주의자로 몰아세울 수도 있기 때문이다. 그러나 대놓고 차이를 강조하는 분야가 있다. 명분이 아니라 실질적인 효과가 중요한 분야다. 가령 부부관계, 인간관계 상담가는 남자와 여자가 같다는 말을 하지 않는다. 또한 생물학, 진화심리학에서도 두 성별은 다르다는 말을 대놓고 떠든다. 이런 학문에서는 연구 대상으로 암컷−수컷, 여자−남자를 분리하는데, 이를 무조건 동일시하거나 같다고 간주하면 안 된다. 체육 계통에서도 마찬가지다. 페미니스트들도 무턱대고 두 성별이 함께 경기하자고 주장하진 않는다. 성별을 나누어 경기하는 것을 두고 성차별적인 조치라고 비판하는 사람은 찾기 힘들다.

이런 식으로 남자와 여자의 차이를 드러내는 또 다른 분야로, 마케팅이 있다. 기업은 자사 상품을 구매해줄 고객에게 광고해야 한다. 그래서 마케팅에서는 고객을 하나의 집합체로 보지 않는다. 고객을 세밀하게 분석하고, 자사 제품에 관심을 줄 표적 소비자를 특정하며, 해당 집단에 집중적으로 홍보한다. 마케팅에서는 남자와 여자가 똑같다고 가정하지 않는다. 성별, 나이, 소득, 거주지로 고객들을 분류하고 분석한다. 심지어 인종 간의 차이에도 집중한다. 인종마다 소비행태가 다른데, 이런 점을 외면한 채 마케팅에 나서면 엄청난 비용을 낭비하게 될 것이다. 마케팅 담당자 입장에서는, 두 성별의 소비 패턴이 다르다는 사실을 인지하고 이에 맞추어 다른 전략을 세우면 그만이다. 왜 다른지, 차이의 본질적 원인이 무엇인지는 따질 필요가 없다.

사회과학의 주요한 연구 방법으로는 설문조사, 인터뷰, 사례 연구 등이 있다. 설문조사의 경우, 응답자의 응답 내용과 실제 행동이 과연 얼마나 같은지를 정확히 알 수 없다는 문제가 있다. 선거에서 누구를 뽑았다고 응답해도, 실제로는 다른 이를 뽑을 수도 있기 때문이다. 마케팅 분야의 초창기에는 설문조사에 많이 의존했는데, 실제로 응답자의 선택과 실제 구매 품목이 다른 경우가 많았다. 또한 소수의 대상자에

**219**

게서 의견을 듣고 사례를 분석하는 인터뷰 방식에도 한계가 있다. 그래서 등장한 연구 방법이 '쇼핑의 과학'이다.

쇼핑의 과학이란, 소비자들이 어떻게 행동하는지를 모두 기록하고, 그 기록을 바탕으로 소비자의 행태를 분석하는 분야 또는 조사 방법이다. 한 고객이 마트에 들어서면, 그 고객이 어디를 어떻게 돌아다니며 쇼핑하는지를 전부 파악해야 한다. 어떤 상품 앞에서 멈췄고 그곳에서 몇 초를 머물렀는지, 시선은 어디에 두고 있었는지, 한 번에 물건을 고르는 편인지 여러 상품을 비교하는지, 에스컬레이터에서 내리면 어느 방향으로 꺾는지, 점원이 말을 걸면 적극적으로 상담하는지 등 한 고객의 동선을 모두 살핀다. 비디오가 없었던 과거에는 마케팅 조사 요원이 뒤를 따라다니며 기록했고, 기술이 발전된 후에는 비디오 분석을 한다. 현재의 마트, 백화점, 쇼핑몰의 상품 배치, 동선 등은 모두 이런 식의 분석 과정을 거쳐서 탄생했다.

이러한 분석 끝에 남자와 여자는 쇼핑 형태가 다르다는 사실이 증명됐다. 여자는 남자보다 쇼핑에 훨씬 더 많은 시간을 할애한다. 남자보다 더 많이 상품을 살핀다. 남자는 매장에 들어가서 나올 때까지의 시간이 여자보다 짧다. 자신이 사고자 하는 상품만 관찰한다. 살 계획이 없던 상품에는 별다른 관심을 보이지 않는다. 이러한 차이와 관련해 가장 유명한 사례로 거론되는 것이 경영학자 톰 피터스Tom Peters가 제시한 222쪽 그림이다.

남자와 여자에게 쇼핑몰의 Gap 매장에서 바지 하나를 살 것을 요구했다. 마음대로 사용할 수 있는 카드를 주었고, 미션 외에는 어떤 조건도 붙이지 않았다. 남자는 쇼핑몰에 들어서자 곧바로 Gap 매장을 찾았고, 거기서 바지 하나를 사서 돌아왔다. 쇼핑몰에 들어가서 나올 때까지 걸린 시간은 6분이었다. 이와 달리 여자는 쇼핑몰 매장 전체를 다 돌아다녔다. Gap에서 바지를 산 다음에도 보지 못한 상점들을 계속 구경했다. 여자가 쇼핑몰에 들어서고 나올 때까지 걸린 시간은 3시간 26분이었다. 그리고 원래 요구했던 바지 외에 다른 상품들도 잔뜩 구매했다.

이 실험의 세부 조건은 잘 알려지지 않은 탓에 결과만 두고 "남자와 여자의 쇼핑이 이렇게 크게 다르다."라는 식으로 일반화할 수는 없다. 다만 톰 피터스의 실험처럼 극적으로 다르지는 않을지라도, 두 성별의 쇼핑 시간이 크게 차이가 난다는 사실 자체는 다른 연구에서도 공통적으로 도출된다. 여자가 쇼핑에 더 많은 시간을 할애한다. 여자와 함께 쇼핑한 남자들은 여성의 쇼핑 시간이 길다고 불평하곤 하지만 사실 남자와 함께 쇼핑할 때의 소요 시간은 가장 짧은 편이다. 여자들끼리 쇼핑할 때, 여자 혼자 쇼핑할 때는 훨씬 많은

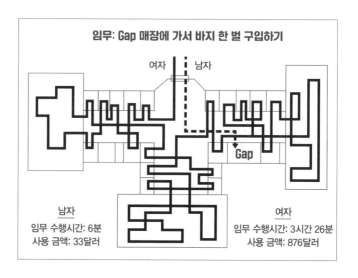

임무: Gap 매장에 가서 바지 한 벌 구입하기

여자  남자

Gap

남자
임무 수행시간: 6분
사용 금액: 33달러

여자
임무 수행시간: 3시간 26분
사용 금액: 876달러

시간을 소요한다. 쇼핑에서 성별에 따른 차이는 분명히 존재한다.

그렇다면 쇼핑 형태, 쇼핑 시간이 성별에 따라 다른 이유는 무엇일까? 여성이 쇼핑에 더 많은 시간을 할애하는 현상은 국가나 문화권과는 상관없이 보편적으로 나타난다. 성평등 지수가 높은 나라에서도 상황은 비슷하다. 어느 나라 또는 문화권을 불문하고 여성이 쇼핑을 더 오래 한다. 이 또한 진화심리학으로 설명할 수 있다.

남자가 토끼를 사냥한다면 중간에 다른 짓을 할 수 없다. 그새 토끼가 사라질 수 있기 때문이다. 쫓는 도중에 토끼에서 눈을 떼서는 안 된다. 그러면 놓친다. 토끼를 잡을 때까지는 딴짓하지 말고 토끼만 쫓아야 한다. 잡은 후에도 빨리 집으로 되돌아가야 한다. 과거에는 냉장 보관이 불가했다. 죽는 순간 부패가 시작한다. 자칫하면 먹을 수 없다. 가장 부드럽고 영양가 높은 부위가 내장인데, 내장의 부패 속도가 제일 빠르다. 표범, 사자 등은 사냥감을 잡으면 내장부터 먹는다. 내장만 먹고 나머지는 버리는 맹수들도 있다. 내장을 가족, 동료와 나누어 먹으려면 서둘러 되돌아가야 한다. 더구나 인류의 발상지인 아프리카는 사시사철 온화하거나 더운 지역이다. 부패도 빨리 진행된다. 남성은 목표를 향해 직진하는 습성을 익혔고, 이 습성을 쇼핑에서도 발휘한다. 남자는 자기가 사려는 쇼핑 목록에만 집중하고, 목표를 완수하면 미련 없이 가게를 떠난다.

여자는 채집 활동을 했다. 열매를 따러 떠났다고 해보자. 어디로 갈지 몰라서 두리번거리며 헤매지 않는다. 그 지역에 처음 온 사람이라면 모를까, 전문 채집인은 한 지역에 오랫동안 머무른다. 그 지역에 먹을 것이 떨어져 다른 지역으로 이동하기 전에는 한 지역에 계속 머문다. 그러면 어느 열매가 어느 나무에 있는지, 어느 나무가 어느 위치에 있는지를 알게 된다. 별다른 일이 없다면 서두를 필요도 없다. 가기만 하면 열매가 있을 테니까. 중간에 새로운 버섯이나 산나물을 발견할 수도 있다. 열매만 채집하려고 직진하는 여자보다, 도

중에 주변을 관찰하며 다른 먹거리를 충분히 파악하는 여자가 안정적으로 음식을 확보한다. 할당량을 채운 다음에도 마찬가지다. 곧바로 집에 돌아올 필요는 없다. 과일이나 채소는 상대적으로 부패 속도가 늦기 때문에, 주위를 관찰하여 먹거리 수입원을 확보해두는 편이 낫다. 여성들이 원래의 목표와는 무관하게 여러 상품을 찾는 것, 당장 구매하진 않더라도 두리번거리며 정보를 파악하는 것도 과거의 채집 활동에서 비롯되었다. 자연히 여자들의 쇼핑 시간이 길어지고 이동 거리도 증가한다.

여성이 남성보다 쇼핑 품목에 민감한 이유도 사냥과 채집의 차이에서 비롯된다. 남성은 사냥에서 창, 칼, 활 등 무기에 관심을 둔다. 대신에 사냥감 자체에는 그리 민감하게 반응하지 않는다. 털이 깨끗한지, 생김새가 귀여운지, 털에 윤기가 흐르는지 등은 고려하지 않는다. 건강하기만 하면, 먹을 수만 있으면 일단 잡으려 한다. 설사 동시에 여러 마리를 만나서 고를 수 있다고 해도, 예쁘거나 튼튼한 동물을 고르기보다는 잡기 쉬운 동물을 고른다. 그런데 '잡기 쉬운 동물'이란 주로 약한 것들이다. 아직 덜 자랐거나 병에 걸렸거나 늙었거나. 즉 남자의 쇼핑 능력은 구매 여부와 직결되지, 여러 선택지 중 최선을 고르는 것과는 무관하다.

여자의 채집은 다르다. 과일나무에는 열매가 하나만 열리지 않는다. 수십 개, 수백 개의 열매가 있다. 그리고 과일나무가 한 그루만 있는 것도 아니다. 보통 여러 나무가 군집을 형성한다. 남자가 하나의 동물을 추적할 때, 여자는 수백 개의 선택지를 두고 고민한다. 여자가 들고 돌아갈 수 있는 양에는 한계가 있다. 사과 30개만 들고 돌아갈 수 있다고 하면, 수백 개의 사과 중에서 가장 좋은 30개를 골라야 한다. 다른 사과보다 큰 사과, 맛있게 생긴 사과, 맛도 비슷하다면 보기에 예쁜 사과를 고른다. 여자들의 채집 활동에서는 '누가 더 크고 맛있으며 예쁜 사과를 골랐느냐'가 중요하다. 남자들의 사냥에서는 토끼를 몇 마리 잡았는지가 중요하지만, 여자들의 채집에서는 얼마나 품질이 좋은 것을 채취했는지가 중요하다. 이러면 어떤 것이 좋은지 구분하는 능력이 필요하다. 여러 사과 중에서 어떤 사과가 가장 좋은지, 맛있는지를 고를 수 있어야 한다. 이런 오랜 경험이 현대인의 유전자에 새겨졌다. 남자보다 여자들이 쇼핑에 민감하고, 꼼꼼하며, 훨씬 심사숙고한다. 남자가 여자보다 신중하게 고민하는 품목은 과거의 창, 칼, 활과 비슷한 역할을 하는 컴퓨터, 자동차, 전자제품 같은 것들뿐이다.

# 서로 다른 쇼핑

이번에는 '옷'을 얘기해보자. 성별에 따라 구매 과정이 확연히 다른 품목 중 하나는 바로 '옷'이다. 남성은 옷을 입어보면 70% 정도가 그 옷을 구매한다. 치수가 대강 맞으면 구매를 결정한다. 매장에서 남자 고객을 응대할 때에는 무조건 입히도록 한다. 그래서 탈의실이 바로 옆에 있어야 한다. 탈의실이 가까워야 한다는 마케팅 포인트는 바로 이렇게 탄생했다. 한편 여성은 그렇지 않다. 입어 보더라도 그 옷을 구매하는 비율을 대강 20%이다. 착용과 구매는 별개다. 쇼핑 목록을 사전에 작성하여 활용한다. 쇼핑 목록을 활용하는 비율은 남성이 여성의 25%에도 미치지 않는다.[*]

이러한 차이 역시 진화심리학으로 설명할 수 있다. 남자는 자신이 잡은 토끼가 아쉬울 순 있어도 포기하진 않는다. 당시에는 양질의 육류를 얻기가 힘들었다. 단백질이나 지방을 섭취할 수 있다면 어떤 하자가 있든 일단 챙긴다. 여자는 다르다. 다른 데서 더 좋은 나물, 열매를 발견하면 전에 얻은 것을 버려도 된다. 이미 손에 넣었다고 해서 그것을 애지중지할 필요가 없다. 다른 데 가면 분명히 좋은 나물이 있을 텐데,

---

[*]  파코 언더힐의 《쇼핑의 과학》(세종서적, 2021)과 《여자는 언제 지갑을 여는가》(살림Biz, 2010)

지금 여기서 맘에 쏙 들지 않은 나물을 캘 필요는 없다.

여자는 채취할 때 무작정 들판을 헤매지 않는다. 이전의 경험으로 어디에서 버섯이 자라는지, 어디에 어떤 나물이 있는지를 염두에 두었다. 그곳들을 빠짐없이 들리기 위해서는 어디를 어떻게 다닐지, 무엇을 구할지를 계획하는 편이 좋다. 쇼핑 목록이 필요한 것이다. 하지만 남자는 그렇지 않다. 오늘 어떤 사냥감을 만날지 예측할 수 없다. 사슴이 많이 나오는 지역으로 가기는 하지만, 정말로 사슴을 만날 수 있을지는 확신할 수 없다. 사슴을 잡으러 갔다 하더라도 도중에 토끼를 만나면 토끼를 사냥해야 하고, 도중에 사자를 만나면 목숨을 걸고 싸워야 한다. 어떤 동물을 만나고 어떤 동물을 잡을지 예측할 수 없다. 그러니 오늘은 어떤 동물을 잡겠다고 계획해도 소용없다. 쇼핑 목록이 필요 없는 것이다.

남자들이 여자들보다 가격에 둔감한 이유도 마찬가지다. 가격표를 살펴보는 비중을 조사한 결과, 여자는 90% 가까이가 가격표를 보지만 남자는 70% 정도에 그친다. 물론 비싼 품목이라면 남자도 여자처럼 가격표를 본다. 하지만 충분히 감당 가능한 품목이라고 느낄 때, 남자는 가격표를 보지 않는 경향이 더 크다. 채집 중에는 채집하려는 나물 또는 열매의 상태를 실시간으로 확인하고 결정한다. 하나하나 비교하고 가치를 확인(가격을 확인)하는 것이다. 그러나 사냥을 할 때는 그러지 않는다. 사냥감이 먹을만한지 등 가치를 판단하기 전에 일단 잡아야 한다. 저 토끼가 먹을한지를 따지는 순간, 토끼는 도망간다. 딱 하나, 사냥꾼의 목숨을 위협하는 맹수 따위는 피해간다. 마치 초고가의 상품은 가격을 확인하고 포기하는 것처럼.

아이와의 쇼핑에서도 성별에 따라 다른 모습이 나타난다. 여성은 자녀 혹은 쇼핑에 따라온 아이의 요구를 쉽게 수용하지 않는다. 나름의 원칙이 있고 기준이 있다. 그러나 남자는 다르다. 아이가 애원하면 구매하는 경향이 강하다. 물론 돈이 부족하면 그러지 않는다. 또 아이가 치과 치료를 받는 중이라면 무책임하게 군것질을 구매해 선물하지 않는다. 다만 특별한 사정이 없다면, 남자는 아이의 요구에 부응하는 편이긴 하다. 아이들은 똑똑하다. 엄마보다는 아빠가 자신에게 선물을 줄 확률이 높다는 사실을 금방 깨닫는다. 그래서 엄마랑 갈 때 달라고 조르는 품목과 아빠랑 갈 때 달라고 조르는 품목이 달라진다. 아이들은 아빠랑 갈 때 더 비싸고 좋은 것을 고른다. 그래서 아이와 있을 때 남자가 더 비싼 물건을 구매한다.

수렵채집시대에 아이가 엄마랑 같이 채취 활동을 나섰다고 상상해 보자. 아이가 과일을 발견하고 따 달라고 한다. 하지만 엄마는 그 과일이 일주일 후에 무르익는다는 사실을 알고 있다. 일주일이 지난다고 그것이 어디로 사라지지도 않는다. 아이의 요구를 거절하고 기다리라고 말한다. 그래야 아이가 더 맛있는 과일을 먹을 수 있기 때문이다. 아이가 졸라댄다고 해서 채취 계획을 망칠 순 없다. 이번에는 아이가 아빠와 사냥을 나섰다고 상상해 보자. 아이가 토끼를 발견하고 토끼를 잡아 달라고 한다. 그때 사냥꾼은, "저 토끼는 아직 덜 자란 토끼이니 다른 토끼를 찾자."라고 말하지 않는다. 덜 자란 토끼라고 사냥 대상에서 제외되는 것도 아니다. 지금 토끼를 놓치면 다른 사냥감을 발견하리라 보장할 수도 없다. 아이가 토끼를 보고 토끼를 잡자고 하면, 아빠 사냥꾼은 그 토끼를 잡으려고 뛰어든다. 잡을 수 있으면 지금 잡아야 한다. 쇼핑몰에서 아이에게 선물할 수 있을 때, 구매할 수 있을 때 구매해야 하는 것이다. 단호하게 안 된다고 말할 수 있는 경우는 딱 두 가지다. 죽을 위험을 감수해야 하는 맹수 또는 힘들게 잡아봤자 먹을 게 없는 사냥감이다. 쇼핑몰에서는 지나치게 비싼 품목, 제대로 놀 수 없는 장난감 또는 신체에 해로운 물건일 경우엔 남자도 단호하게 안 된다고 말할 수 있다.

# 태풍 이름이 '여성형'일 때 피해가 더 크다

"태풍 이름을 여성형으로 지으면 피해가 더 크다."라는 속설이 있다. 태풍의 명칭을 여성형 또는 여성이 많이 사용하는 이름으로 붙일 경우, 피해 규모가 더 크다고 말하곤 한다.

전 세계적으로 열대성 저기압, 이른바 태풍이 발생하는 지역은 두 곳이다. 북아메리카 동쪽 지역과 아시아 동쪽 지역이다. 아메리카 카리브해 지역에서 발생하는 건 '허리케인'이라 부르고, 동남아시아에서 발생하는 건 '태풍'이라 부른다. 아시아에서 태풍이 지나가는 경로에 있는 국가들과 미국은 태풍이 발생할 때마다 이름을 붙이는데, 남성형 이름과 여성형 이름을 번갈아 사용한다.

2014년에 융Kiju Jung, 샤빗Sharon Shavitt, 힐베Joseph M. Hilbe 등의 연구자들이 허리케인의 이름이 여성형일 때와 남성형일 때의 피해 정도를 조사하고 비교했다. 이런 분석은 자료만 있으면 연구가 그리 어렵지 않고, 분석 결과도 분명했다. 허리케인 이름이 여성형일 때 피해 규모가 더 컸다. 이 내용은 〈Female hurricanes are deadlier than male hurricanes〉라는 제목의 논문으로 유명 학술지에 게재되었다. 허리케인, 태풍의 이름이 여성형일 때 피해가 더 크다는 속설은 여기에서 파생됐다. 그렇다면 그 이유는 무엇일까?

이름 때문에 허리케인의 규모가 달라지는 건 아니었다. 또 강한 허리케인과 약한 허리케인이 번갈아 발생한다고 보기도 힘들었다. 논문 저자들은 여성형 허리케인의 피해 규모가 더 큰 이유를, 대비 과정에서 발견했다. 여성형 허리케인보다 남성형 허리케인이 예보되었을 때, 사람들이 더 철저하게 대비한다. 남성형 허리케인은 강할 것이라 짐작하고 여성형 허리케인은 상대적으로 부드러울 것이라 예상한다. 대비를 안 하면 피해가 클 수밖에 없고, 그래서 여성형 허리케인일 때 피해 규모가 커진 것이라고 추론했다. 여기서 중요한 점은, 이름에 따라 사람들이 받아들이는 '이미지'가 분명하게 다르다는 부분이다. 수용하는 이미지의 차이가 행동의 차이를 만들었다. 남성성과 여성성을 향한 이미지와 이를 둘러싼 행동 반응이 존재한다는 것이다.

그런데, 정말로 이 주장이 사실일까? 과학이 현대 사회를 발전시킨 주요한 원동력 중 하나는, 혹독한 검증을 거쳐야 진실로 수용되는 과정에 있다. 유명 학술지에 실렸다고 곧바로 진실로 인정되는 건 아니다. 학술지에 실린 논문은 아이디어 차원에서 의견을 제시했을 뿐이다. 물론 여러 자료를 검토하고 연구를 진행했겠지만 다른 연구자들이 이를 검증해야 한다. 정말로 논문의 주장이 옳은지를 검토받아야 한다. 여러 과학자, 연구자가 검증했음에도 똑같은 결과가 나오면 그 논문의 주장은 그제야 사실로 인정받는다. 그리고 이 지루한 절차를 수없이 겪는다. 그 결과, 어떤 것이 사실인지 점차 윤곽이 드러난다. 그것이 과학이 발전하는 과정이다.

2014년, 허리케인이 여성 이름일 때에 피해 규모가 더 크다는 연구 결과가 발표됐고 다른 연구자들은 정말 그런지 검증했다. 검증 과정에서 해당 논문의 문제점이 발견된다. 원논문에서, 연구자들은 자료가 있는 모든 허리케인을 분석했다. 미국이 허리케인에 공식적으로 이름을 붙이기 시작한 시점은 1940년대 말부터였다. 그런데 1978년까지는 항상 여성 이름만 사용했다. 1979년부터는 여성 이름과 남성 이름을 번갈아 사용했다. 둘의 차이를 분석하기 위해서는 1979년 이후 허리케인만을 대상으로 삼아야 타당하다. 하지만 원논문의 연구자들은 이런 문제를 고려하지 않았고, 1978년 이전의 허리케인 피해 실태는 모두 여성형 이름일 때의 피해로 일괄 처리되었다. 1978년 이전 허리케인으로 인한 평균 사망자 수는 29명이었다. 1979년 이후 현대까지의 평균 사망자 수는 16명이다. 1978년 이전 허리케인의 피해가 훨씬 크다. 그리고 이때 허리케인 이름은 모두 여성형이었다. 여성 이름일 때의 허리케인 피해 규모가 더 크게 측정될 수밖에 없는 것이다.

원래 연구에서는 1978년 이전, 모든 허리케인이 여성 이름으로 불리면서 피해가 심했던 시기가 모두 포함되었다. 따라서 여성 이름의 허리케인이 더 피해가 크다는 결론을 도출했다. 이후 검증 연구자는 1979년 이후의 허리케인만을 대상으로 통계를 재분석했다. 남성 이름과 여성 이름이 번갈아 사용된 시기만을 분석 대상으로 삼았다. 이 검증 분석에서, 허리케인이 남성 이름일 때와 여성 이름일 때의 차이는 나타나지 않았다. 허리케인의 이름은 재해의 강도, 피해 규모와는 아무런 상관이 없었다. 허리케인 이름이 여성일 때 피해가 더 크다는 속설은 틀린 것이다.

아이가 자라나는 걸 계속 지켜봤다. 첫째는 남자아이였다. 말문이 늦게 트였다. 하지만 문제라고 생각하지 않았다. 늦게 배울 수도 있고, 이후에는 차츰 배울 거라는 걸 알고 있었다. 둘째도 남자아이였다. 이때는 첫째와의 성장 속도를 비교하면서 조금 놀라기도 했다. 형제인데도 성격이 완전 달랐다. 같은 환경에서 기르는데, 취향과 성격이 달랐다. 그리고 이런 부분은 교육으로 바뀌는 데에 한계가 있었다. 화술과 말투, 타인을 대하는 태도, 인내심 등은 양육할 수 있었다. 그렇다고 성격의 근원이 바뀌진 않았다. 이를 보고 "정말로 타고나는 건가?"라고 의문을 느끼기 시작했다. 셋째가 생겼다. 여자아이였다. 그런데 정말 달랐다. 첫째와 둘째의 차이와는 차원이 달랐다. 첫째와 둘째의 차이는, "서울 사람과 부산 사람은 다르다." 정도였다. 남자아이들과 셋째의 차이는, "한국인, 미국인, 중동인은 다르다."라고 말할 때의 수준이다. 성별에 따른 차이가 두드러졌다.

　필자는 원래 두 성별이 다르다고 생각했다. 남학교를 다닌 학창시절에는 차이가 없을 거라 여겼으나 이후 인간관계를 포함한 여러 경험을 하며 두 성별의 다름을 인지했다. 이와 관련된 참고자료도 수없이 많이 읽었다. 그렇지만 이것조차 지식으로만 아는 거에 불과하다. 그러다 아이들이 자라는 것을 보며 둘의 차이를 보게 되니, 달라도 너무 다르다는 걸 알았다. 남자와 여자는 다르다는 사실에 공감하고 인정하지 않을 수가 없었다.

　아이들은 자신의 감정을 행동으로 솔직하게 드러낸다. 어른보다는 본능에 충실하다. 그래서 두 성별의 차이가 확연히 보인다. 남자와 여자가 가장 많이 다른 시기는 아동기가 아닐까 싶다. 이후에는 사회환경, 관습, 문화의 영향을 받아 차이점이 오히려 감소하게 되는 듯하다.

　특히 둘의 다름이 극명하게 드러나는 장소는 장난감 가게다. 장난감 가게는 남자용 코너와 여자용 코너가 확실히 구분된다. 일단 장난감들의 색깔부터 다르다. 남자용 코너에는 로봇, 자동차 등이 주로 배치되었고 여자용은 인형, 소꿉놀이용 등이 주를 이룬다. 이를 보면, 부모의 편견이 아이들의 장난감 선택에 영향을 미친다는 말에 공감하기가 무척 어렵다. 남자아이들은 한 번도 여자용 장난감에 관심을 준 적이 없었다. 반대로 여자아이는 남자용 장난감에 눈길도 주지 않았다. 자신에게 익숙한 걸 고른다는 주장은 틀렸다. 셋째는 남자아이들의 장난감에 묻혀 살았다. 하지만 여러 장난감 중 본인이 직접 고를 수 있게 되자 남자 장난감에 아무런 관심도 주지 않았다. 성별에 따라 좋아하는 장난감이 있다. 그 둘은 분명히 다르다. 둘 사이에는 엄청난 간극이 있다.

필자는 유치원, 초등학교에서 성별에 따라 아동의 차이가 있음을 인정해야 한다고 생각한다. 이에 맞추어 교육방식이 달라야 하기 때문이다. 남자아이는 여자아이보다 상대적으로 발육이 느리다. 말도 늦게 배운다. 그런데 이러한 차이를 고려하지 않은 채 같은 나이라는 이유로, 같은 공간에서, 같은 내용을 배우게 한다. 남자아이는 자연히 학업에 어려움을 겪는다. 여자아이도 본인만의 고충이 있다. 상대적으로 발달이 늦는 남자아이와 어울리기가 힘들다. 남자아이들은 유치원에서 여자아이들에게 연애편지를 받는다. 여자아이는 그 나이에 벌써 호감과 애정이 무엇인지 인지한다. 무척이나 안타까운 현실이다. 남자아이는 여자아이의 감정을 일절 이해할 수 없으니까. 여자아이의 호감을 눈치챘다고 하더라도, 그 감정의 깊이를 알 수 없다. 장난감을 좋아하듯이 자신을 좋아하는 줄 아는 것이다. 여자아이는 호감을 표시했음에도, 남자아이는 반응하지 않고 변하지도 않는다. 그러니 여자아이는 상처를 받을 수도 있다. 발달 수준이 다른 아이들을, 차이가 명확한 아이들을, 나이가 같다는 이유만으로 한 공간에 몰아넣기 때문에 이런 문제가 발생한 것이다.

필자는 최소한 아동의 성별 차이를 인정하고, 이에 맞추어 교육 및 양육 방법이 달라야 한다고 생각한다. 현재의 유치원, 초등학교 과정에서 남자아이는 여자아이가 잘하는 말하기, 읽기, 감정 표현하기 위주의 교육을 함께 받는다. 남자아이가 선호하고 잘하는 운동과 경쟁은 해당 교육과정에서 배제되어 있다. 아이들의 성장을 지켜보면 남자와 여자가 다르다는 사실을 더더욱 깨닫는다. 이론이 어떻든, 연구 결과가 어떻든, 사회적으로 어떻게 생각하든, 이런 현실은 인정할 수밖에 없는 듯하다.

## • 참고문헌 •

### 단행본 도서

고등어 외 41인. 《거리에 선 페미니즘》. 궁리, 2016.

기요타 요키, 조해선 옮김. 《마음의 수수께끼를 풀어드립니다》. 스몰빅라이프, 2020.

나이토 요시히토, 서수지 옮김. 《세상에서 가장 재미있는 88가지 심리실험》. 사람과나무사이, 2020.

노라 빈센트, 공경희 옮김. 《548일 남장 체험》. 위즈덤하우스, 2007.

다치바나 아키라, 박선영 옮김. 《말해서는 안 되는 너무 잔혹한 진실》. 레드스톤, 2017.

대니얼 해머메시, 안규남 옮김. 《미인 경제학》. 동녘사이언스, 2012.

데이비드 J. 레이, 유자화 옮김. 《욕망의 아내》. 황소걸음, 2011.

데이비드 M. 버스, 이충호 옮김. 《진화심리학》. 웅진지식하우스, 2012.

데이비드 M. 버스, 전중환 옮김. 《욕망의 진화》. 사이언스북스, 2007.

데이비드 베인브리지, 이석인 옮김. 《X염색체의 비밀》. 고즈윈, 2006.

라오어. 《라오어의 미국주식 무한매수법》. 알키, 2021.

레너드 삭스, 이소영 옮김. 《남자아이 여자아이》. 아침이슬, 2007.

로빈 베이커, 이민아 옮김. 《정자전쟁》. 까치, 1997.

로이 F. 바우마이스터, 서은국 외 2인 옮김. 《소모되는 남자》. 시그마북스, 2015.

루안 브리젠딘, 임옥희 옮김. 《여자의 뇌, 여자의 발견》. 리더스북, 2007.

루안 브리젠딘, 임옥희 옮김. 《여자의 뇌》. 웅진지식하우스, 2019.

루앤 로프턴, 이종호 옮김. 《워렌 버핏은 왜 여자처럼 투자할까》. 서울문화사, 2012.

리처드 레이어드, 정은아 옮김. 《행복의 함정》. 북하이브, 2011.

리처드 프럼, 양변찬 옮김. 《아름다움의 진화》. 동아시아, 2017.

마거릿 미드, 박자영 옮김. 《사모아의 청소년》. 한길사, 2008.

마리 루티, 김명주 옮김. 《나는 과학이 말하는 성차별이 불편합니다》. 동녘
사이언스, 2017.

마쓰마루 다이고, 이현미 옮김. 《뇌가 섹시한 남자, 마음이 섹시한 여자》. 인
사이트앤뷰, 2015.

마이클 거리언, 이지현 외 1인 옮김. 《남자아이의 뇌 여자아이의 뇌》. 21세
기북스, 2012.

마즈시마 히로코, 박선영 옮김. 《여자의 인간관계》. 눈코입, 2014.

반두환. 《남녀차이의 비밀》. 꿈공장 플러스, 2020.

사라 매케이, 김소정 옮김. 《여자, 뇌, 호르몬》. 갈매나무, 2020.

사이먼 배런코언, 김혜리 외 1인 옮김. 《그 남자의 뇌 그 여자의 뇌》. 바다출
판사, 2007.

송민령. 《여자의 뇌 남자의 뇌 따윈 없어》. 동아시아, 2019.

수전 핑커, 하정희 옮김. 《성의 패러독스》. 숲속여우비, 2011.

스티브 비덜프, 박미낭 옮김. 《남자, 그 잃어버린 진실》. 젠북, 2007.

스티븐 P. 로빈스, 티모시 A. 저지, 김양균 외 1인 옮김. 《조직행동론》. 한티
에듀, 2021.

스티븐 다얀, 서영조 옮김. 《우리는 꼬리 치기 위해 탄생했다》. 위즈덤하우
스, 2014.

스티븐 핑커, 김한영 외 2인 옮김. 《언어본능》. 소소, 2006.

시몬느 드 보부아르, 이정순 옮김. 《제2의 성》. 을유문화사, 2021.

쑤진, 최인애 옮김. 《생각하는 남자 계산하는 여자》. 서래books, 2012.

애너벨 크랩, 황금진 옮김. 《아내 가뭄》. 동양북스, 2016.

앤 무어, 데이비드 제슬. 곽윤정 옮김. 《브레인 섹스》. 북스넛, 2009.

앤드류 스마트, 윤태경 옮김. 《뇌의 배신》. 미디어윌, 2014.

앨런 피즈, 바바라 피즈. 이종인 옮김. 《말을 듣지 않는 남자 지도를 읽지 못
하는 여자》. 김영사, 2011.

야마다 마사히로, 김주희 옮김. 《패러사이트 싱글의 시대》. 성신여자대학교

출판부, 2004.

엘리자베스 로이드 마이어, 이병렬 옮김. 《왜 여자의 육감은 잘 맞는 걸까》. 21세기북스, 2009.

오기 오가스, 사이 가담, 왕수민 옮김. 《포르노 보는 남자, 로맨스 읽는 여자》. 웅진지식하우스. 2011.

올리비에 포스텔 비네이, 이화숙 옮김. 《X 염색체의 복수》. 기린원, 2008.

원수정. 《이웃집 여자 이웃집 남자》. 타북스, 2013.

윌리엄 M. 스트러더스, 황혜숙 옮김. 《남자의 뇌 중독으로부터의 자유》. 코리아닷컴, 2016.

이케가야 유지, 서수지 옮김. 《세상에서 가장 재미있는 63가지 심리실험》. 경기: 사람과나무사이, 2017.

이현우 외 4인. 《표심의 역습》. 책담, 2016.

자넬 캐롤, 오영희 외 2인 옮김. 《성 심리학》. 시그마프레스, 2009.

정무늬. 《웹소설 써서 먹고삽니다》. 길벗, 2021.

제레드 다이아몬드, 임지원 옮김. 《섹스의 진화》. 사이언스북스, 2005.

제프리 밀러, 김명주 옮김. 《메이팅 마인드》. 소소, 2004.

제프리 밀러, 김명주 옮김. 《스펜트》. 동녘, 2010.

조세핀 최, 신이지. 《회사남여》. 두앤북, 2019.

존 그레이, 김경숙 옮김. 《화성남자 금성여자의 침실가꾸기》. 동녘라이프, 1996.

존 그레이, 김경숙 옮김. 《화성에서 온 남자 금성에서 온 여자》. 동녘라이프, 2021.

존 콜라핀토, 이은선 옮김. 《타고난 성, 만들어진 성》. 바다출판사, 2002.

주디스 리치 해리스, 최수근 옮김. 《양육가설》. 이김, 2017.

카트린 비달, 김성희 옮김. 《남자와 여자의 뇌는 같을까》. 민음인, 2021.

캐롤 타브리스, 히스테리아 옮김. 《여성과 남성이 똑같지도 않은 이유》. 또하나의문화, 2010.

크리스토퍼 카실다 제타, 김해식 옮김. 《왜 결혼과 섹스는 충돌할까》. 행복포럼, 2011.

크리스틴 R. 고드시, 김희연 옮김. 《왜 여성은 사회주의에서 더 나은 섹스를 하는가》. 이학사, 2021.

파코 언더힐, 김선형 옮김. 《여자는 언제 지갑을 여는가》. 살림Biz, 2012.

파코 언더힐, 신형승 옮김. 《쇼핑의 과학》. 세종서적, 2011.

하워드 S. 프리드먼, 레슬러 R. 마틴, 최수진 옮김. 《나는 몇 살까지 살까?》. 쌤앤파커스, 2011.

해나 로진, 배현 외 1인 옮김. 《남자의 종말》. 민음인, 2012.

헬렌 피셔, 정명진 옮김. 《제1의 성》. 생각의나무, 2005.

Atkinson, William Walker. *Thought Vibration or the Law of Attraction in the Thought World*. Cosimo Inc, 2010.

Po Bronson, Ashley Merryman. *Top Dog: The Science of Winning and Losing*. Grand Central, 2014.

Stombler, Mindy et al. *Sex Matters*. Addison—Wesley, 2007.

Tiger, Lionel & Shepher, Joseph. *Women in the kibbutz*. Harcourt Brace Jovanovich, 1975.

### 논문

Barber, B. M., & Odean, T. (2001). *Boys will be boys: Gender, overconfidence, and common stock investment*. The quarterly journal of economics, 116(1): 261–292.

Benbow, C. P. & Stanly, J.C. (1980). *Sex differences in mathematical ability: Fact or artifact?*. Science, 210:1262–1264.

Benbow, C. P. & Stanly, J.C. (1983). *Sex differences in mathematical reasoning ability: More facts*. Science, 222:1029–1031.

Goldin, C., & Rouse, C. (2000). *Orchestrating impartiality: The impact of "blind" auditions on female musicians*. American economic review, 90(4): 715–741.

Hassett, J. M., Siebert, E. R., & Wallen, K. (2008). *Sex differences *in rhesus monkey toy preferences parallel those of children.* Hormones and behavior, 54(3): 359–364.

Jung, K., Shavitt, S., Viswanathan, M., & Hilbe, J. M. (2014). *Female hurricanes are deadlier than male hurricanes.* Proceedings of the National Academy of Sciences, 111(24): 8782–8787.

Kraemer, Sebastian. (2000). *The fragile male.* BMJ, 321;1609–1612.

Somin, I. (2011). *Foot voting, political ignorance, and constitutional design.* Social Philosophy and Policy, 28(1): 202–227.

Tiebout, Charles M. (1956). *A pure theory of local expenditures.* Journal of political economy, 64(5): 416–424.

Williams, C. L., & Pleil, K. E. (2008). *Toy story: Why do monkey and human males prefer trucks? Comment on "Sex differences in rhesus monkey toy preferences parallel those of children" by Hassett, Siebert and Wallen.* Hormones and behavior, 54(3): 355.

Wilson, Timothy D., et al. (2014). *Just think: The challenges of the disengaged mind.* Science, 345(6192): 75–77.

Xirocostas, Zoe, Everingham, Susan and Moles, Angela. (2020). *The sex with the reduced sex chromosome dies earlier: a comparison across the tree of life.* Biology letters, 16(3).

### 온라인 자료

《국가발전지표》. 〈지표누리〉. [https://www.index.go.kr/unify/idx-info. do?idxCd=4215] (2023.05.30.)

《뉴스1》. 〈상장기업 평균임금 '남 8678만원 여 6015만원'…2663만원 격차〉. https://www.news1.kr/articles/?5162600] (2023.09.06.)

《매일경제》. 〈여성이 오래 사는 이유…비밀은 염색체에 있었네〉. [https:// www.mk.co.kr/news/it/9275790] (2020.04.01.)

《법무연수원》. 〈2023 범죄백서〉. [https://www.ioj.go.kr/homepage/

information/DataAction.do?method=view (2024.04.01.)

《보건복지부》〈2021년도 노숙인 등의 실태조사〉[https://www.mohw.
    go.kr/board.es?mid=a10411010200&bid=0019&act=view&list_
    no=371077] (2022.04.15.)

《스켑틱 12호》.〈여성 이름의 허리케인이 더 치명적이다?〉(2017.12.01.)

《스켑틱 13호》.〈행복을 권하는 사회의 역설〉(2018.03.05.)

《한국일보》.〈"남경이 여경 등 떠밀며 현장 이탈"…'인천 흉기난동' 피해
    자 측, CCTV 공개 청원〉. [https://www.hankookilbo.com/News/
    Read/A2021122710390003727] (2021.12.27.)

《KBS뉴스》.〈남녀임금격차, OECD 회원국 중 가장 커…의사 수는
    OECD 평균 이하〉. [https://news.kbs.co.kr/news/pc/view/view.
    do?ncd=7919569] (2024.03.21.)

《News and Speeches by President Summers》.〈Letter from
    President Summers on women and science〉. [https://www.
    harvard.edu/president/news-speeches-summers/2005/
    letter-from-president-summers-on-women-and-
    science/] (2005.01.19.)

《The Economist》.〈The hopeless struggle to make German
    gender-neutral〉. [https://www.economist.com/
    europe/2020/01/18/the-hopeless-struggle-to-make-
    german-gender-neutral] (2020.01.18.)

《The New York Times》.〈Harvard Chief Defends His Talk on
    Women〉. [https://www.nytimes.com/2005/01/18/us/harvard-
    chief-defends-his-talk-on-women.html] (2005.01.18.)

《The New York Times》.〈The Opt-out Revolution〉. [https://www.
    nytimes.com/2003/10/26/magazine/the-opt-out-revolution.
    html?smid=url-share] (2003.10.26.)

《TITANIC INQUIRY PROJECT》.〈Senate Inquiry Witness〉. [https://
    www.titanicinquiry.org/USInq/USReport/AmInqRep03.php#a8]

동등하지만
너무 다른 남녀 이야기

# 사냥하는 남자
# 채집하는 여자

**초판 1쇄 발행**  2024년 6월 12일

| | |
|---|---|
| **지은이** | 최성락 |
| **펴낸이** | 최용범 |
| **편집** | 박승리 |
| **디자인** | 김규림 |
| **관리** | 이영희 |
| **인쇄** | ㈜다온피앤피 |

| | |
|---|---|
| **펴낸곳** | 페이퍼로드 paperroad |
| **출판등록** | 제2024-000031호(2002년 8월 7일) |
| **주소** | 서울시 관악구 보라매로5가길 7 1309호 |
| **이메일** | book@paperroad.net |
| **인스타그램** | @paperroad_book |
| **페이스북** | www.facebook.com/paperroadbook |
| **전화** | (02)326-0328 |
| **팩스** | (02)335-0334 |
| **ISBN** | 979-11-92376-41-7 (03330) |